# Die Walddörfer

## im Wandel
## in alten und neuen Bildern

Mit Beiträgen von Uwe Schubert (Fotos/Text)
und Dr. Jürgen Ehlers

Medien-Verlag Schubert

# Inhaltsverzeichnis

ISBN 3-9802319-4-1

© 1991 by Medien-Verlag Schubert, Hamburg

Alle Rechte, auch des auszugsweisen Nachdrucks und der fotomechanischen Wiedergabe, vorbehalten.
Satz: Medien-Verlag Schubert
Lithographie: Bernd Zieneke
Druck: Gustav A.Schmidt
Printed in Germany

# Die Walddörfer zwischen Rinnen und Salzstöcken

Betrachtet man einen Profilschnitt durch den tieferen Untergrund Norddeutschlands, so kann man den Eindruck gewinnen, es handele sich um eine begrabene Gebirgslandschaft.

Aus einer Tiefe von etwa 4.000 Meter erheben sich die Salzstöcke von Langenfelde, Schnelsen, Siek und Reitbrook bis dicht unter die Geländeoberfläche. Zwischen den Salzstöcken finden sich tiefe Einmuldungen, in denen mächtige Schichten des Erdmittelalters (vor 200 bis 60 Millionen Jahren) und der Erdneuzeit (vor 60 Millionen Jahren) liegen. Im Bereich solch einer Mulde befindet sich das Gebiet der Walddörfer.

Das Gebirge, das wir im Profilschnitt zu sehen glauben, hat es an der Erdoberfläche jedoch nie gegeben. Das Salz ist erst unter der Überdeckung durch mehrere hundert Meter mächtige jüngere Schichten plastisch verformt worden und allmählich entlang von Schwächezonen bis dicht an die Geländeoberfläche aufgedrungen. Dieser Vorgang vollzog sich außerordentlich langsam, und es gibt Anzeichen dafür, daß er bis heute nicht ganz abgeschlossen ist.

Die Schichten des jüngeren Tertiärs (vor 70 bis 10 Millionen Jahren) der tiefen »Walddörfer-Mulde« sind mehrere hundert Meter mächtig. Sie werden von zwei tiefen Rinnen der Elster-Eiszeit (vor wenigen 100.000 Jahren) durchzogen, die Schmelzwässer unter dem Eis ausspülten.

Beide Rinnen verlaufen in Nord-Süd-Richtung. Die nördliche Duvenstedter Rinne reicht bis in eine Tiefe von über 400 Metern. Die südliche Volksdorfer Rinne ist nicht ganz so tief. Sie läßt sich von Volksdorf über Wandsbek bis nach Billbrook verfolgen, wo sie in eine andere große Rinne einmündet. Die Rinnen sind keine gewöhnlichen Flußtäler, denn sie haben kein gleichsinniges Gefälle und enden zum Teil abrupt. An der Geländeoberfläche ist von den Rinnen nichts mehr zu sehen. Sie wurden bereits am Ende der Elster-Eiszeit (vor etwa 400.000 Jahren) weitgehend mit Schmelzwassersanden verfüllt.

Der Eisvorstoß der zweiten großen Kaltzeit, der Saale-Eiszeit, gestaltet die Geländeoberfläche des Walddörfer-Gebiets erheblich um. Der Eisrand lag am Rhein bei Düsseldorf.

In der letzten Kaltzeit, der Weichsel-Eiszeit, lag der Randbereich der Vereisung im Bereich der Walddörfer. Meist überlagerte nur eine dünne Grundmoränendecke die älteren Schichten. Teilweise wurden aber auch markante Endmoränen erzeugt. Beispiele dafür sind der Schüberg, der Bocksberg, der Scharberg oder die Wartenberge im Forst Hagen. Die Formen wurden zwar am Eisrand erzeugt, markieren jedoch keineswegs den äußersten Rand der Weichsel-Vereisung. Dieser läßt sich nur ungefähr rekonstruieren. Nach gegenwärtigem Kenntnisstand verläuft er etwa entlang der Linie Mellingstedt - Sasel - Berner Au.

Zu den von der Weichsel-Eiszeit geschaffenen markanten Oberflächenformen gehört das Tunneltal der Volksdorfer Teichwiesen. Es ist durch Schmelzwässer unter dem Eis geformt worden. Seine Entstehung entspricht damit der der tiefen elsterzeitlichen Rinnen, nur daß es sich hier um wesentlich kleinere Formen handelt.

Unmittelbar nach Abschmelzen der Gletscher drangen die Menschen in das eisfrei werdende Gebiet vor. Jäger der Ahrensburger und Hamburger Kultur siedelten und jagten in den Sommermonaten im Bereich von Rahlstedt und Ahrensburg, wie durch umfangreiche Grabungen nachgewiesen werden konnte.

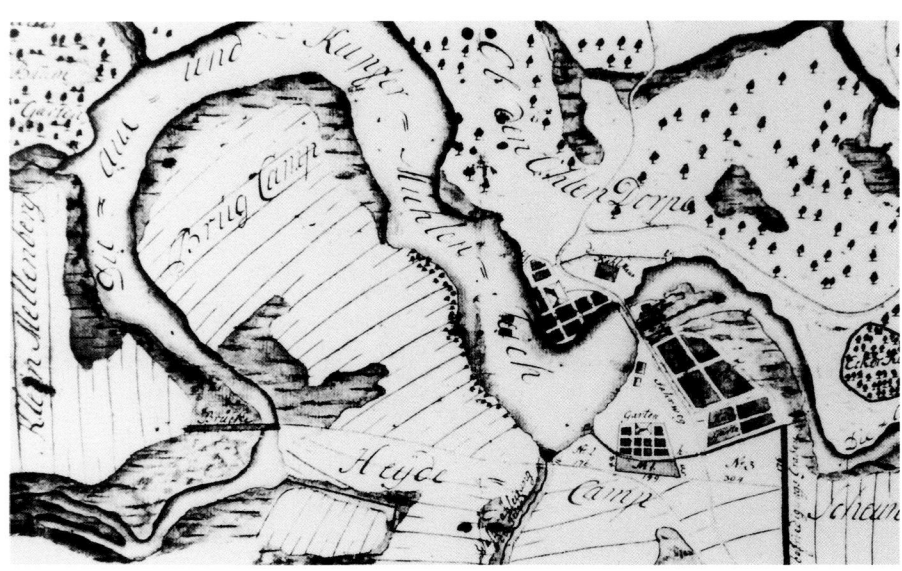

Grenzinspektor N. H. Olbers erklärt die Karte von der Kupfermühle 1770: »Plan von der Kupfermühle, so in den Vorwerck Wohldorff an der Aue sich befindet, dessen Fläche Landes in seiner Befriedung an Größe nach angezeigten Buchstaben von a, b, c, d, e, f, g bis wieder zu a sich befindet«.

# Burg Wohldorf - Herrschaftssitz der Walddörfer

### Erste menschliche Spuren

Auf Wohldorfer Gebiet leben bereits in der Jungsteinzeit vor 5.000 bis 2.000 Jahren Menschen. Gefundene Flintabschläge, Scherben (z.B. Kupferhof-Schleuse; Brügkamp-Siedlung) und ein Flintbeil (Alsterhöhe 2) zeugen davon. Auf bronzezeitliche Bewohner weisen eine Urne (genauer Fundplatz unbekannt), Scherben von Tongefäßen und Pfostenspuren von zehn Zentimetern Durchmesser hin (beides Brügkamp-Siedlung). Die bereits Landwirtschaft betreibenden Menschen um 2.000 v. Chr. verwenden das haltbarere Material für ihre Waffen und Werkzeuge. Spuren eisenzeitlicher Bewohner um 800 v. Chr. sind Scherben- und Gefäß-Funde (südlich Waldfriedhof bzw. einstiges Mausoleum).

### Von der Burg zum Stadtteil

Wohldorf findet erstmals in einer Urkunde von 1303 Erwähnung, denn der Ritter Heinrich Motemeduvele zieht es vor, sein gerade erhaltenes Geld in bessere Dörfer zu investieren. Der »Teufelskerl« (= Motemeduvele) kauft die kleine, vermutlich auf dem Gelände des Kupferhofes gelegene Ansiedlung Wohldorf (Wohl= Woold; Wald) für 50 Mark.

Zuvor muß das Gebiet von *Sachsen* unter *Karl dem Großen* bevölkert gewesen sein. Dieser errichtet 810 zur Sicherung des Landes - slawische Abotriten und Sachsen bekämpften sich - die »*Hammaburg*« und gliedert *Nordalbingien* bis zur Eider mit den drei Sachsengauen Dithmarschen, Holstein und Stormarn dem *Frankenreich* an.

Der Weg wird damit frei zur *Christianisierung* der nordischen Völker durch *Ansgar* von Hamburg aus (831). Hamburgs Zerstörung durch die *dänischen Wikinger* (845) und

die *Christenverfolgung* unter dem *Wendenfürsten Gottschalk* (1029-32) berühren sicherlich auch die Walddörfer.

Neuer *Lehnsherr* über das in Stormarn gelegene Walddörfer-Gebiet wird 1111 *Adolf von Schauenburg*. Ihn ernennt Lothar von Supplinburg, sächsischer Herzog und späterer Kaiser, zum Grafen von Holstein und Stormarn. Die Schauenburger bauen bei den Kämpfen zwischen Slawen und Sachsen zerstörte Dörfer wieder auf und legen zahlreiche neue an.

Die Wirren der *Völkerwanderung* mit ihren erbitterten Kämpfen zwischen nach Westen vordringenden *slawischen Völkern* und *Sachsen* enden mit dem Erscheinen *Heinrichs des Löwen* (1158). 1162 besiegen und vertreiben die Stormarner bzw. Holsten die Slawen endgültig.

Im Zuge der *Kolonisationswelle* und der aus dem nordfranzösischen Raum kommenden *Dreifelderwirtschaft* werden einheitlich geplante Dörfer mit gleichem Besitz für alle Siedler in Blöcken oder Streifen (Hufe) angelegt. In diese Phase fällt vermutlich auch die Gründung der kleinen Ansiedlung Wohldorf.

Drei Jahre nach der urkundlichen Erwähnung des Dorfes taucht die auf der heutigen Herrenhausinsel gelegene *Burg Wohldorf* auf: In einem Vertrag beschließen 1306 Lü-

Eine Rekonstruktion der Burg Wohldorf, wie sie um 1330 ausgesehen hat (Zeichnung von C. Puvogel).

Das Herrenhaus um 1840 nach einem Aquarell von Otto Specker, wie es heute noch nahezu besteht. Im Hintergrund ist das Gebäude des Vorwerks Wohldorf zu erkennen, das um 1437 eingerichtet wurde. Die heutige Rückseite war nach dem Bau des Hauses (1712-13) zunächst die Vorderfront mit einem Zugang vom Vorwerk.

Der stilvoll eingerichtete Salon des Herrenhauses um 1934.

beck und Hamburg, alle Anstrengungen zur Zerstörung der »castella Arnesvelde [bei Ahrensburg am Rand vom Forst Hagen] et Woltdorpe« zu unternehmen. Damit sollen die Handelswege zwischen den Städten gesichert werden, da die beiden erwähnten Burgen zwei verfeindeten Schauenburgischen Linien als Festung dienen.

Doch kommt es nicht zur Zerstörung der Burg. 1314 wird die Alster als Grenze zwischen den sich befehdenden Schauenburgischen Linien festgelegt und die Burg 1322 von der nach Pinneberg ausweichenden Linie an den Sieger *Johann III. von Holstein* verpfändet. Der in Arnesvelde residierende Graf verlagert 1326 seinen Sitz nach Trittau und nicht nach Wohldorf. Die Burg Wohldorf verliert damit ihre Bedeutung. Sie wird künftig von einem Lehnsmann des siegreichen Grafen bewohnt, zu dessen Herrschaftsgebiet die Kirchspiele Bergstedt, Rahlstedt und Siek gehören. Dem *Kirchspiel Bergstedt* sind die Dörfer Ahrensfelde, Bünningstedt, Bergstedt, Hoisbüttel, Lemsahl, Lottbek, Mellingstedt, Ohlstedt, Volksdorf, Wohldorf, Woldenhorn und Wulfsdorf zugeordnet.

Weil die Söhne des Ritters *Johann von Hummelsbüttel* mit Sitz auf der Burg Stegen den Landfrieden brechen, bestraft der Landesherr Johann III. sie an Hab und Gut. Einem darauffolgenden Aufstand der Stormarner Ritter unter Anführung der Sippe von Hummelsbüttel gegen die verbündeten Schauenburger Grafen schließt sich der *Wohldorfer Burgvogt* Hartwich Zabel an. Die Grafen schließen ihrerseits 1347 mit dem um die Sicherheit seiner Handelswege fürchtenden Hamburg einen Bündnisvertrag, demzufolge die Festungen Wohldorf und Stegen unbedingt zerstört werden sollen. Ein wichtiger auszubauender Handelsweg ist die Alster, an der die Hamburger Rechte erworben haben. Ihr gräbt Johann von Hummelsbüttel mit seinem durch den Fluß gelegten Damm das Wasser ab, um es seinen Burggräben zuzuleiten. Die Auseinandersetzung endet mit der Niederlage der Ritter. Burg Wohldorf und Stegen verfallen in der Folgezeit.

Mitte des 14. Jahrhunderts gelangt die kleine Ansiedlung Wohldorf in die Hand der Familie *Rantzau*, die es an Hamburger Bürger und den Bürgermeister Kersten Miles ohne die Genehmigung des Landesherrn verkauft. 1370 müssen die Rantzaus dem Schauenburger Grafen Adolf VII. (von Plön) den Rückkauf der Dörfer »Woltorp, Hoyersbutle und Smalenbeke« versprechen. Das Versprechen wird gehalten, denn 1396 können sie schon wieder Wohldorf, das halbe Dorf Hoisbüttel, Schmalenbeck, Volksdorf, Lottbek, Rokesberg und den Herkenkroch an *Hennecke von Hummelsbüttel* verkaufen.

Vor 1437 gelangt der Knappe *Bruneke von Alverslohe* (zwischen Barmstedt und Ulzburg gelegen) an die genannten Dörfer, die er 1437 für 4.000 lübsche Mark an die Stadt Hamburg mit Rückkaufsrecht verpfändet. Das Gebiet bleibt mit dem Aussterben des Geschlechts von Alverslohe in *Hamburger Besitz*. Die Stadt kann durch die damit auf die obere Alster ausgedehnten Besitzrechte den *Alster-Beste-Kanal* bauen.

Anstelle der niedergebrannten Burg - Arbeiter und Soldaten sollten 1487 die Brandstätte aufräumen - entsteht 1489 das erste *Wohldorfer Herrenhaus* auf der gleichnamigen Insel und ein vom Hamburger Rat errichtetes *Vorwerk*, der spätere Wohldorfer Hof. Vermutlich gleichzeitig mit dem Entstehen des Vorwerkes wird das Dorf aufgehoben. Hamburg verpachtet das Gut, auf dem 6 Ochsen, 10 Kühe, 10 junge Rinder, 10 Schweine, 20 Ferkel und 50 Schafe 1579 zum Viehbestand gehören.

Vom Herrenhaus regieren Hamburger Senatoren als *Waldherren* über die Walddörfer. Sie bestimmen die Bauernvögte, regeln die Hofdienste, halten Gericht, und kümmern sich um die Gehölze. Dazu setzen sie Waldvögte und -reiter ein. Letztere erhalten für jeden geschnappten Holzdieb eine Kopfprämie. Und Diebe gibt es viele, denn Holz ist Baumaterial und Energiequelle. Der für schuldig befundene Sünder wird in den spanischen Mantel, ein bodenloses Faß, gesteckt und durch den Ort getrieben: Eine eher peinliche als schmerzhafte Prozedur für den Dieb.

1712 wird ein neues Herrenhaus gebaut, da sich das alte in baulich sehr schlechtem Zustand befindet. Es dient von 1830 an als Gästehaus des Senates, denn die vierhundertjährige Geschichte der Waldherrschaft durch die im Herrenhaus wohnenden Waldherren endet mit einem Rats- und Bürgerbeschluß. Die Ortschaften der Geestlande werden zu einem Verwaltungsbezirk »*Landherrschaft der Geestlande*« zusammengefaßt. In Folge der dem deutschen Volk 1849 zugesprochenen Grundrechte kommt es im Senat 1860 zur Verkündung einer *neuen Verfassung*, in der den Landgemeinden freie Wahlen der Gemeindevorsteher und -vertreter, öffentliche Verhandlung und selbstständige Beratung der Gemeindeangelegenheiten, Veröffentlichung des Gemeindehaushaltes und Besteuerung zu Gemeindezwecken eingeräumt werden. Mit dem Inkrafttreten 1872 zieht man die beiden Vogteien Wohldorf und Ohlstedt zur *Gemeinde Wohldorf-Ohlstedt* zusammen (weiteres siehe Ohlstedt).

Rechts: Der barocke Fachwerkbau des Herrenhauses dient heute Verwaltungszwecken. Alfred C. Toepfer pachtete das Herrenhaus 1969 vom Staat und ließ den zweigeschossigen Bau mit seinem hohen Walmdach renovieren. Das Herrenhaus verbindet bürgerliche Hausbautradition mit öffentlichem Herrschaftsanspruch, der sich im Giebel und Hamburger Wappen zeigt.

Die 1743 errichtete Holländerkate an der heutigen Stichstraße »Holländerberg« wurde 1947 abgebrochen. Hier wohnten die beim Wohldorfer Hof beschäftigten Holländer.

Das Schweizerhaus mit dem Mausoleum im Hintergrund um 1900. Es wurde für den Gärtner des Gutshofes beim heutigen Waldfriedhof errichtet und in den 60er Jahren abgebrochen. Das Mausoleum errichteten die Koopmannschen Söhne 1884 vor dem heutigen Waldfriedhof an der Straße »Ole Boomgarden«. Es wurde im Zweiten Weltkrieg abgebrochen.

Das Haus vom Gutsbesitzers des Wohldorfer Hofes. Es wurde 1884 auf dem Gutsgelände in Nachbarschaft zum Verwalterhaus für die Söhne Johann Koopmanns gebaut, der 1862 das Gut kaufte. 1968 riß man das herrschaftliche Wohnhaus ab.

Der Wohldorfer Hof um 1930. Im Hintergrund das Verwalterhaus. Das Gut wurde bereits im 15. Jahrhundert zunächst als Vorwerk eingerichtet und das Dorf Wohldorf aufgehoben.

Der Wohldorfer Hof heute aus der gleichen Perspektive. 1964 pachtete Alfred C. Toepfer das Gut vom Hamburger Staat und ließ es durch hohe Investitionen in einen vorbildlichen Zustand versetzen. Nach Toepfers Worten das schlechteste Geschäft seines Lebens.

Der »Alte Kupferhof«, das um 1700 erbaute Wohnhaus des Kupfermühlenbesitzers, steht heute noch.

Der »Lange Jammer«, zwei Reihenhäuser des Webereibetriebs neben der Kupfermühle, die um 1870 errichtet wurden. Die 1953 aufgenommenen Gebäude dienen heute noch als Wohnhäuser an der Herrenhausallee.

Die Kupfermühle um 1890 am heutigen Kupferredder (vergleiche auch Titelbild). Sie wurde 1622 als Messingdrahtmühle gegründet, war 1687 bis 1840 Kupfermühle, bis 1842 von William Sloman gegründete »Shoddyfabrik« (Wolltextilien-Recycling), bis 1899 Stoutsweberei, danach bis heute Privatbesitz. Im Hintergrund das Fabrikgebäude. Hier waren bis zu 80 Webstühle und 150 Arbeiter im Einsatz. Die Fabrikanlagen wurden 1912 abgebrochen.

Das Haus Westphal am Kupferredder wurde 1912-13 vom Berliner Architekten Schaudt erbaut. Die Nationalsozialisten nutzten es im Zweiten Weltkrieg als Funkstation. Seit 1959 Verwaltungsseminar. Hier werden auch heute noch Verwaltungsangestellte geschult.

Oben: Die alte Schmiede am Duvenstedter Triftweg um 1900. Sie wurde in den 1830er Jahren errichtet. Einen Nachbau des verfallenen Fachwerkhauses rekonstruierten De Spieker im Volksdorfer Museumsdorf in den letzten Jahren.

Unten: Herd auf der großen Diele der alten Schmiede 1931.

Schräg gegenüber dem Herrenhaus wurde vermutlich zusammen mit dem Sitz der einstigen Waldherren der heutige Gasthof »Zum Bäcker« als Herrenstall errichtet - hier 1957 aufgenommen.

Die Herrenhausallee 1910.

Die Kornmühle um 1911, wie sie heute noch nahezu unverändert besteht.

Der Gasthof »Wohldorfer Mühle« ist ein beliebtes Ausflugsziel am Mühlenteich, an dem so manche beschauliche Kutschfahrt oder Wanderung ihren Ausklang findet.

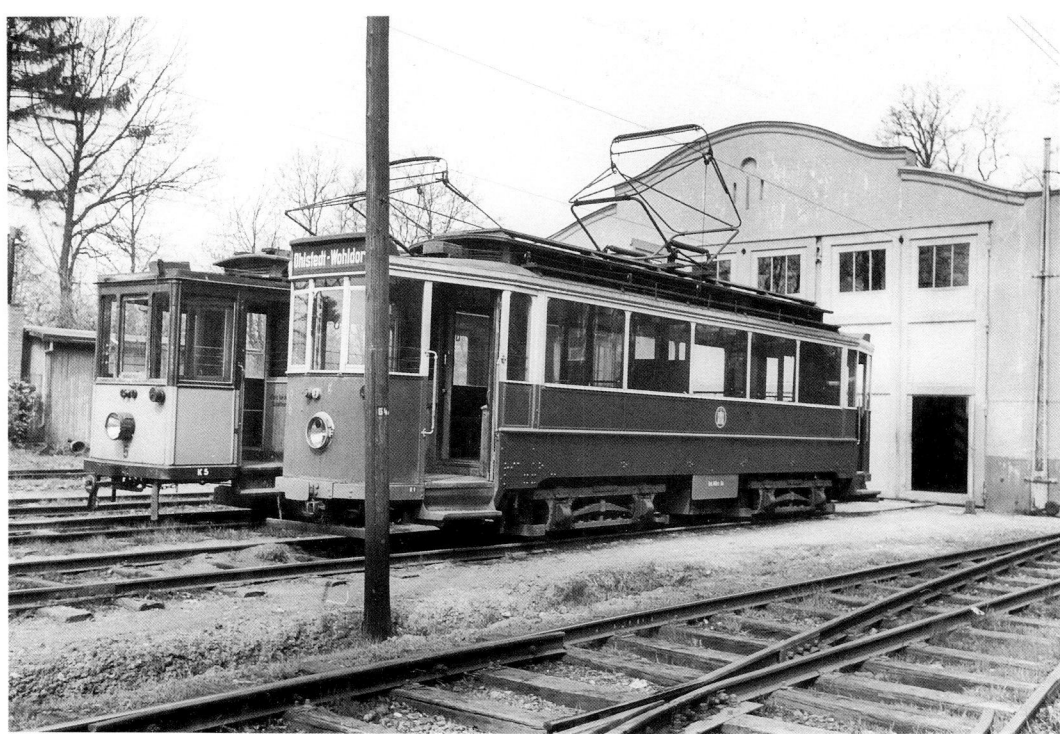

Die bereits 1471 erwähnte Wohldorfer Mühle von der Kolkseite gesehen um 1850. 1863-64 erfolgte ein Neubau.

Die Endstation der Kleinbahnlinie Altrahlstedt-Volksdorf-Wohldorf am Schleusenredder. Die elektrisch betriebene Bahn fuhr von Ohlstedt bis 1961 durch den Wohldorfer Wald.

Das Gasthaus »Zur Schleuse« wurde im Ersten Weltkrieg als Lazarett eingerichtet - hier 1915 aufgenommen.

Der heutige Schleusenredder mit dem Fachwerkbau von 1923. Hier befand sich das Schleusenwärterhaus. Es wurde 1876 vom Schleusenmeister Friedrich Timmermann zum Gasthaus ausgebaut, das 1923 durch Blitzschlag abbrannte. Der zweigeschossige Nachfolgebau diente in den 1970er Jahren als Kindergarten der Kirchengemeinde Wohldorf-Ohlstedt und wird heute als Altersheim genutzt.

Die Wohldorfer Schleuse in den 50er Jahren. Links neben der Alster am Schleusenredder das Gasthaus zur Schleuse. Der erste Schleusenbau erfolgte vermutlich schon 1448 in Verbindung mit dem Bau des Alster-Trave-Kanals. Die Alster diente 1529-50 als Frachtschiffahrtsweg zwischen Hamburg und Lübeck. Danach führte die Verbindung nur noch bis Stegen-Kayhude. Seit Ende des 19. Jahrhunderts wurde die Alster in diesem Bereich nicht mehr als Frachtweg genutzt.

Das Waldhaus-Wohldorf, später Hütschers Waldhaus, 1930 an der Bredenbekstraße. Hierher wanderten die Gäste des Herrenhauses über den Senatorenstieg, der auch heute noch durch den Wohldorfer Wald führt. 150 Gespanne wurden hier bei sommerlicher »Hochkonjunktur« untergebracht. Den Pferdestall nutzte bis zu ihrer Auflösung die Reitstaffel der Hamburger Polizei. Vor der Choleraepidemie flüchteten die Hamburger 1892 in das bald aus allen Nähten platzende Quartier. Die Gründung des Gasthofes geht auf 1773 zurück, als die Frau des Waldvogtes eine Schankwirtschaft an dieser Stelle einrichten konnte.

Einst Anziehungspunkt für Ausflügler, dient das »Waldhaus« heute als Freiluftschule.

Im »Alten Forsthof« wohnte seit dem Mittelalter der Hamburger Waldvogt. Der Hof wurde 1835 von Hamburg verkauft und um die Jahrhundertwende als Hotel und Pension genutzt. Heute befindet sich »An der Drosselbek« ein Reithof.

Foto unten u. rechte S.: Das Eingangstor zum Forsthof befindet sich heute noch am Ende einer wunderbaren, kopfstein-gepflasterten Allee, deren Bäume der Nordwest-Wind krümmte.

Der in allen herbstlichen Farben leuchtende Wohldorfer Wald, hier mit dem Senatorenstieg. Das Idyll trügt. Der Baumbestand des Naherholungsgebietes lichtet sich zunehmend. Unlängst hat sich eine Initiative zum Schutz des Waldes gegründet. Liegt es an der Einflugschneiße, am Straßenverkehr oder an allen die Umwelt belastenden Faktoren zugleich: Viele Fragen, doch der Wald stirbt.

# Ohlstedt - vom Dorf zum Spekulationsobjekt

## Erste menschliche Spuren

Zahlreiche Funde weisen auf steinzeitliche Menschen im Ohlstedter Gebiet hin, wie ein Felsgesteinbeil (zwischen Bredenbekstraße und Diestelstraße), Flintbeile (Alte Dorfstraße; zwischen Bredenbek und Bredenbeker Straße), Klingen und Schaber (Haselknick 22; südlich Verlängerung Haselknick). Unter anderem ein Urnenfeld (Westerfelde 11), Siedlungsscherben (Wullenbuschkoppel 19) und ein Urnengrab (Jettbergkamp 7) lassen auf bereits seßhafte, eisenzeitliche Bewohner schließen.

## Zwei Vogteien - eine Gemeinde

Die Geschichte Ohlstedts ist bis zu einem gewissen Punkt auch die Geschichte Wohldorfs, denn von der dortigen Burg und dem späteren Herrenhaus wurden über 600 Jahre die Geschicke der Walddörfer gelenkt. Darum seien hier die Besonderheiten hervorgehoben:

1292 wird Ohlstedt erstmals in einer *Urkunde* erwähnt, das mit anderen Dörfern des Pfarrbereichs zu Abgaben für den Bergstedter Kirchenbau herangezogen wurde. Der Ortsname kann zweierlei Wurzeln haben: Entweder gründete das Dorf ein »Ohl« bzw. »Ol«, oder es bedeutet »alte Stätte« (in alten Urkunden »Oltstede« und »Oldensteden«),was plausibler scheint.

Wie dem auch sei, sicher ist, daß 1345 *Marquard Strus* dem Ratsherrn Hermann Everdes eine Roggen-Rente aus seinen vier im Dorf Ohlstedt gelegenen Hufen verkauft. Im späteren Mittelalter verarmt der Landadel: 1391 verpfändet die Familie Strus das Dorf an Hamburger Bürger und verkauft es 1407 an den *Hamburger Bürgermeister Hildemer Lopowe*. Noch 1442 in der Hand des Hamburger Bürgermeisters Hinrich Hoyer und Bruder Albert, gelangt es später an den Knappen und Herrn auf Borstel und Stegen, *Hartwich von Hummelsbüttel* (»Hummersbutle«), der Ohlstedt 1463 an den *Rat der Stadt Hamburg* verkauft. Damit ändert sich für die Dorfbewohner hinsichtlich der Landherrnschaft nichts, denn Hamburg ist ebenfalls den *schauenburgischen Grafen* unterstellt, auch wenn die Hansestadt im Laufe der Geschichte zunehmend einen relativ selbstständigen Sonderstatus unter dänischer Herrschaft erringt.

1564 gibt es nur noch *drei Hufner* in Ohlstedt, nämlich Krampe, Ide und Woldeke, deren Hofstellen um den Ohlstedter Platz liegen. Dazu gekommen sind zwei Katenstellen, spätere Halbhufen.

Obwohl die Bauern der Walddörfer analog zur Landbevölkerung ganz Stormarns *keine Leibeigenen* sind, müssen sie doch Abgaben an und Dienste für die Stadt Hamburg und den Wohldorfer Gutshof unter Aufsicht des Vogten leisten. Vom Waldherrn als verlängertem Arm der Stadt werden die Herrendienste - zumeist in großer Zahl anfallende Fuhrdienste, da der Wald als Holzareal für den Bedarf der Stadt herangezogen wird - und die Hofdienste für den jeweiligen Gutspächter angeordnet.

Daneben haben die Bauern und Knechte ihre eigene Wirtschaft zu bewältigen: 1583 besitzen die Ohlstedter 16 Ochsen, 26 Kühe, 14 Kälber, 32 Pferde, 16 Schweine, 54 Ferkel und 53 Schafe (weitere 60 gehören dem Schäfer), die nebst der Feldarbeit zu versorgen sind.

Mitte des 18. Jahrhunderts werden in Ohlstedt Brinksitzerstellen gegründet. »Brink« bedeutet Land außerhalb des Dorfes. Insgesamt erweitert sich das Dorf in diesem Jahrhundert um sieben am Dorfrand angegliederte Brinksitzerstellen, so daß 129 Dorfbewohner 1787 in Ohlstedt wohnen.

Die Brinksitzer sind es, die sich gegen die Auflösung der *Feldgemeinschaften* (Allmende) sträuben. Die Herauslösung der Hoffelder aus der Feldgemeinschaft und Neuverteilung (Verkopplung) durch den Beauftragten Leutnant von Benoit wird gegen ihren Widerstand erst 1806 bewältigt. Neue Zufahrtswege verbinden Koppeln und Hof (das Wegenetz findet sich heute noch als Hauptbestandteil der Ohlstedter Straßen).

Von 1872 an bilden Wohldorf und Ohlstedt eine Gemeinde (siehe Wohldorf). 1899 kauft der *Grundstücksmakler John Meinhardt* die drei großen Bauernstellen in Ohlstedt auf. Eine neugegründete Tarrain-Gesellschaft versucht mit dem bekannteren »Zugpferd« Wohldorf Hamburger Bauinteressenten unter dem Motto *»Wohldorf, die Hamburger Gartenstadt«* zu locken, obwohl das meiste Baugelände auf Ohlstedter Gebiet liegt: Erfolglos, wie der um 1913 aufgestellte Bebauungsplan zeigt, denn nach dem Bau der Straßen Haselknick und Diestelstraße wurden nur sechs Häuser neu gebaut.

Als Nachfolger seines Bruders setzt sich der Gemeindevorsitzende *Richard Timmermann* aus Ohlstedt von 1923 an für die Belange der Gemeinde ein und fördert die Entwicklung, die Wohldorf-Ohlstedt näher an Hamburg heranrücken läßt: Die *Walddörferbahn* wird 1925 von Volksdorf bis zum heutigen Bahnhof Ohlstedt verlängert, dessen Gebäude im gleichen Jahr entsteht.

Zuvor beförderte die 1907 in Betrieb genommene *elektrische Kleinbahn* ihre Fahrgäste von Altrahlstedt

Das 1927 erbaute Ohlstedter Rathaus, entworfen vom Baurat Völker im von Fritz Schumacher geleiteten Hochbauwesen der Hamburger Baudeputation. Es wird heute von dichtem Grün umrankt. Das Erdgeschoß nutzt die Freiwillige Feuerwehr und ein Postamt. Der obere Teil dient als Wohnraum.

über Volksdorf bis zur Endstation Wohldorf, wo ein noch heute bestehendes Bahnhofsgebäude und eine Wagenhalle entstanden waren. Mit der Fertigstellung der Walddörferbahn wird die Kleinbahn 1925 zwischen Volksdorf und Ohlstedt eingestellt, befährt jedoch die verbleibende Strecke von Ohlstedt durch den Wohldorfer Wald noch bis 1961.

Ebenfalls 1925 erhält Ohlstedt Anschluß an das Gasnetz und zwei Jahre später wird die Straßenbeleuchtung erweitert, denn zwischen 1920 und 1929 hat sich die Bevölkerung auf 840 Einwohner mehr als verdoppelt. Im Rahmen dieser Entwicklung erhält Wohldorf-Ohlstedt 1928 ein *Rathaus* als Verwaltungssitz.

Im Zuge des Groß-Hamburg-Gesetzes werden unter nationalsozialistischer Regierung von den histori-

schen Walddörfern 1937 die Ortsteile Wohldorf-Ohlstedt, Volksdorf und aus dem vorher preußischen Landkreis Stormarn Bergstedt, Lemsahl-Mellingstedt und Duvenstedt als *Walddörfer* nach Hamburg eingemeindet. Ortsdienststelle ist das Ohlstedter Rathaus.

Von den Bombenangriffen des *Zweiten Weltkriegs* bleibt Wohldorf-Ohlstedt verschont, doch nimmt der Ort 1943 rund 3.000 Hamburger auf, die bei den schweren Bombenangriffen obdachlos geworden sind. Für ausgebombte NS-Funktionäre läßt der Hamburger Gauleiter und Reichsstatthalter Karl Kaufmann die Norweger-Siedlung, Ellerbrookswisch/Ohlstedter Stieg errichten - aus Norwegen beschaffte Blockhäuser mit Grasdach.

Mit der Neuordnung der Verwaltung 1949 verliert Wohldorf-Ohl-

stedt seine Eigenständigkeit und wird als Ortsamtsbereich Walddörfer dem Bezirk Wandsbek zugeordnet. Der *Stadtteil* bleibt von der sonst beinahe überall regen Nachkriegsbautätigkeit verschont, denn nach einer Absprache mit Schleswig-Holstein soll er zusammen mit Duvenstedt und Lemsahl-Mellingstedt »äußerst zurückhaltend entwickelt werden«. So hat Wohldorf-Ohlstedt heute nur rund 3.600 Einwohner und gilt als von Wald umgebener Villen-Vorort mit begehrter Wohnlage.

Der landhausartige Backsteinrohbau des 1925 mit der nach Ohlstedt verlängerten Walddörferlinie entstandenen Bahnhofsgebäudes prägt den heutigen Ortskern.

Die einstige Brinksitzerstelle an der Alten Dorfstraße 5 wurde 1784 errichtet. Sie brannte 1927 ab.

Heute befindet sich an der Alten Dorfstraße 5 das Landhaus Ohlstedt.

Das Geschäftshaus von Fritz Duve um 1900 an der Alten Dorfstraße 37. Heute befinden sich an gleicher Stelle moderne Einfamilienhäuser.

Das Kolonialwarengeschäft von Hinze an der alten Dorfstraße 25-27, gehörte später zum Gelände der Atlantik-Filmkopierwerke, deren Gebäude derzeit abgerissen werden.

Die ehemalige Brinksitzerstelle an der heutigen Straße »Korte Blöck« Nr. 1 wurde 1751 erbaut und brannte 1952 ab. Ein Blitz traf das Reetdachhaus.

Das älteste heute noch stehende Haus an der Alten Dorfstraße 19 mit seinem Reetdach entstand 1834.

Der Blick heute mit dem Nachfolgebau an der Straße »Korte Blöck«, Ecke Ohlstedter Platz
(vergleiche linke S.).

Im Busch 8 befand sich die erste Dorfschule von 1751. Sie brannte 1911 ab.

Das Reetdachhaus, Ohlstedter Platz 24, um 1910. Es wurde vermutlich als Altenteilerkate gebaut und brannte 1929 ab.

Die Vollhufe der Familie Iden, Ohlstedter Platz 29-30, um 1900. Das Wohn- und Stallgebäude von 1787 wurde um 1920 abgebrochen.

An gleicher Stelle, Im Busch 8, erbaute Architekt Otto Ameis den Fachwerkbau im Landhausstil.

Vor dem Nachfolgebau, Ohlstedter Platz 24, stehen heute noch die alten Linden.

Neben der einstigen Vollhufe der Familie Iden steht heute noch das Bauernhaus aus dem 18. Jahrhundert, Ohlstedter Platz 32. Es war die Vollhufe der Familie Bock und wurde mehrfach umgebaut.

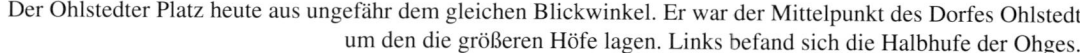

Der Ohlstedter Platz mit der einstigen Halbhufe der Familie Ohge (links), Ohlstedter Platz 11, um 1920.

Der Ohlstedter Platz heute aus ungefähr dem gleichen Blickwinkel. Er war der Mittelpunkt des Dorfes Ohlstedt um den die größeren Höfe lagen. Links befand sich die Halbhufe der Ohges.

Baurat Völker entwarf im Sinne Fritz Schumachers die 1930-31 errichtete Schule am Walde als sachlich modernen Klinkerbau.

Erntearbeiten in der Scheune der Timmschen Vollhufe, Ohlstedter Platz 33, um 1900.

Die 1954 eingeweihte Mathias-Claudius-Kirche, Bredenbekstraße 59. Bis zur Gründung der Kirchengemeinde Wohldorf-Ohlstedt (1948) gehörten die einstigen Dörfer Wohldorf und Ohlstedt zum Kirchspiel Bergstedt.

Umstritten war das 1928-29 für Eduard Müller-Drenkberg errichtete Haus an der Bredenbekstraße 29. Es galt als ein Hauptwerk des Neuen Bauens in Hamburg und wurde vom Architekten Karl Schneider entworfen. Der Bau war als Anfang einer kleinen Kolonie gleichartiger Häuser gedacht. Gegen das flache Dach protestierten die Anwohner energisch. Heute steht das Gebäude unter Denkmalschutz.

# Volksdorf - Villenvorort mit Freilichtmuseum

## Erste menschliche Spuren

Feuerstein- und Flintbeile, Klingen und Dolche (zahlreiche Fundstellen nahezu über das gesamte Volksdorfer Gebiet verteilt) sind erste menschliche Spuren. Auf bronzezeitliche Bewohner weist insbesondere eine Gruppe von neun Grabhügeln (drei westlich und sechs östlich der Heinrich-von-Ohlendorff-Straße) mit Gefäß-Scherbenhaufen und Leichenbrand hin.

Bereits Landwirtschaft betreibend, verwenden die Menschen um 2.000 v. Chr. Bronze für Waffen, Werkzeuge und Schmuck. Das zeigen auch Funde an der Bahnlinie Volksdorf-Wohldorf (Hängegefäß, Halsring, Armspiralen aus Bronze). Zeugnisse der Eisenzeit (um 800 v.Chr.) sind insbesondere Scherben, Pfostenlöcher und Lehmbewurf der Wände (Flethmannskamp 14) und vermutlich das Vorhandensein einer Siedlung (Steinmassen einer Brunnenfassung, Eisenschlacke, Bruchstücke verzierter Gefäße, gefunden am Krampengrund 23).

Im Volksdorfer Wald an der Meiendorfer Grenze wurden unter anderem Eisenschlacken mit Resten einer Schmelzofenwandung, Scherben des 3. bis 5. Jahrhunderts, Bruchstücke von Webgewichten, Pfostenlöcher und eine Abfallgrube aufgedeckt. Die Funde erbrachten Hinweise auf das Vorhandensein einer großflächigen Siedlung der Jahrhunderte n.Chr.

## Sachsensiedlung, Dorf, Vorort

Volksdorfs Geschichte beginnt sehr wahrscheinlich schon weit vor der ersten urkundlichen Erwähnung. Die im Volksdorfer Wald gemachten Funde (siehe oben) lassen auf eine sächsische Siedlung schließen, die später von den bis zur Schauenburger Herrschaft durch Stormarn ziehen-den Slawen zerstört wurde (siehe auch Burg Wohldorf). Erst etwa 1000 Jahre später findet Volksdorf zusammen mit 12 weiteren Dörfern erstmals urkundliche Erwähnung: 1296 werden die Bauern zu Abgaben ihres Kleinzehnten (auf das lebende Vieh) und Großzehnten (auf die Kornernte) in Form einer Geldabgabe an das Kloster Harvestehude verpflichtet. Das Kloster lag ursprünglich beim gleichnamigen Dorf in der Nähe von Altona und wurde 1295 an die Alster verlegt (daher der Name des heutigen Stadtteils Harvestehude). Die Höfe des nach einem *Volkward Volcwardesthorpe* benannten Bachdorfes liegen am Aalheitengraben (einem heute nicht mehr vorhandenen südlichen Nebenarm der Saselbek).

1320 verpfändet Albrecht Zabel, Burgvogt zu Arnesvelde und Vater des Wohldorfer Burgvogtes (siehe dort), seine in Volksdorf gelegene Mühle an einen Hamburger Priester. Sie liegt am nördlichen Ausfluß der Saselbek aus dem Großen Teich am Waldweg. Zugleich verkauft er seine Einkünfte aus dem Dorf Lottbek.

Volksdorf wechselt um die Jahrhundertwende mehrfach den Besitzer: Von der Familie Rantzau über Hennecke von Hummelsbüttel gelangt es an den Knappen von Alverslohe, der Volksdorf zusammen mit weiteren Walddörfern 1437 an Hamburg verpfändet (genaueres siehe Wohldorf).

Im ausgehenden Mittelalter wird Volksdorf um den Herkenkrug, eine Hofstelle am Großen Teich zwischen Sasel und Volksdorf, erweitert. 1537 teilen Bergstedt, Hoisbüttel und Volksdorf die Ländereien des vermutlich durch die Pest untergegangenen Dorfes Lottbek auf. Volksdorf erhält das Gebiet Wensenbalken, das durch seine nähere Lage zu Bergstedt von den dortigen Bauern bewirtschaftet wird.

Die Volksdorfer Bauern sind, wie in ganz Stormarn üblich, keine *Leibeigenen*. Ohne Eigentumsrecht am bewirtschafteten Land steht ihnen jedoch ihre bewegliche Habe und die Erbfolge auf den Höfen zu. Für das zu bewirtschaftende Land sind Abgaben an den *Hamburger Rat* als Grundherren zu leisten. Diese wer-

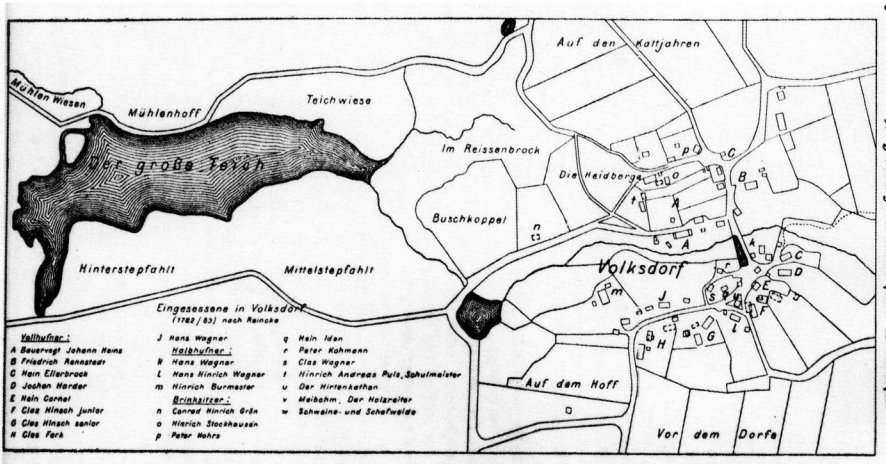

Hufner, Halbhufner und Brinksitzer in Volksdorf nach einer von H. Reinke 1782/83 erstellten Karte.

den dem von Hamburg eingesetzten Waldherrn (siehe Wohldorf) jährlich überbracht. Er teilt auch die Volksdorfer Bauern zu den Hand- und Spanndiensten zum Beispiel für den Holztransport und die Schleusenarbeiten in Wohldorf ein. Darüber hinaus sind Hofdienste für den Gutspächter des Wohldorfer Hofs zu leisten, der aber seine Schwierigkeiten mit den unwilligen Walddörfer-Bauern hat.

Bei der auch von Volksdorfer Bauern mit Widerstand hingenommenen *Verkopplung* Ende des 18. Jahrhunderts entsteht die charakteristische Knicklandschaft. Mit der geänderten Aufteilung der Hoffelder beginnen jedoch individuellere Bewirtschaftungsmöglichkeiten für die Bauern, die schließlich akzeptiert werden. Zudem entstehen neue Wege zu den Feldern (noch am heutigen Straßennetz Volksdorfs erkennbar). Nach den tiefgreifenden Veränderungen gibt es neun Vollhufner, drei Halbhufner und sieben Brinksitzer.

Schwere körperliche Arbeit bestimmt den *bäuerlichen Alltag*. Die Lebensgemeinschaft eines Hofes ist zugleich eine Arbeitsgemeinschaft, in der alle Hofmitglieder sich an den bäuerlichen Arbeitsverpflichtungen beteiligen. *Landarbeit* ist immer Handarbeit (bis zur verstärkten Mechanisierung der Landwirtschaft - beginnend Anfang unseres Jahrhunderts).

Zu Beginn des Frühjahrs müssen die Ställe ausgemistet werden, damit der Acker noch vor der Einsaat gedüngt werden kann. Der Mist wird aus dem Stall geworfen, auf den Mistwagen geladen, dann auf das Feld gefahren, dort wieder mit Misthaken vom Wagen heruntergerissen und gleichmäßig gehäuft auf dem Acker verteilt. Es sind also *fünf Arbeitsgänge* nötig (die heute mit zweien erledigt werden können).

Als nächster Arbeitsbereich folgt das *Pflügen*. Der Bauer schreitet tagelang hinter seinen Pferden, den

Schäfer Karl Stockhusen treibt seine Schafe über den Lerchenberg. Links die Mauer des Hofs Mahr.

Pflug am Sterz führend, über das Feld.

Nach dem Pflügen und dem Eggen folgt das *Säen*. Der schwere Säsack mit dem Saatgut hängt um die Schulter. Die Saat wird durch gleichmäßiges Auswerfen mit der Hand verstreut. Leichte Saateggen, die von nur einem Pferd gezogen werden, decken die Körner mit Erde zu. Die Arbeitsgänge - das Pflügen, das zweimalige Eggen und das Säen - bedeuten für die Bauern einen Fußmarsch von zehn bis zwölf Kilometer, um nur einen viertel Hektar zu bestellen.

Im Juni werden die Wiesen geschnitten. Das *Mähen* mit der Sense beginnt schon sehr früh, gegen vier Uhr morgens, damit dann gegen acht Uhr das in Schwaden liegende Gras zum Trocknen auseinandergeworfen werden kann. Das Heu häufelt man abends wieder, wenn es lagerfähig geworden ist. Erst dann wird es mit einer drei Meter langen Forke auf den sich immer höher türmenden Heuwagen gewuchtet.

Auf dem Wagen steht die Bäuerin, auf kleinen Höfen die einzige Hilfskraft des Bauern, nimmt die Bündel in Empfang und schichtet sie sorgfältig neben- und übereinander. Auf der Diele bringt man das Heu vom Wagen Forke für Forke auf den Dachboden.

Ende Juli beginnt die *Getreideernte*. In der heißesten Zeit des Jahres kommt die schwerste Arbeit auf den Bauern zu. Zuerst muß das Getreide mit der Sense geschnitten werden. Die geschnittenen Halme werden von den Bindern, die den Schnittern folgen, zu Garben gebunden.

Als nächstes stellt man die Garben zu Hocken zusammen. Sind Körner und Stroh genügend getrocknet, beginnt man mit dem Einfahren. Die Garben türmen sich hoch auf dem Erntewagen, der von Pferden gezogen wird und oftmals bedenklich schwankt.

Auf der Diele wiederholt sich der gleiche Vorgang wie bei der Heuernte. Die Garben werden durch die Bodenluke von Forke zu Forke weitergegeben und auf dem Dachboden gelagert.

Die *Kartoffelernte* im Herbst beansprucht ebenfalls wieder alle Kräfte des Hofes. Die Kartoffeln pflügt man mit dem Pflug oder einem einfachen Kartoffelroder aus, und durchwühlt dann die Furchen mit der Hand nach den Früchten. Es ist eine schwere Arbeit, den ganzen Tag auf den Knien den Acker hinauf und hinunter zu kriechen und die Kartoffeln in einem Korb zu sammeln.

Im Winter wird es auf dem Bauernhof zwar ruhiger, dennoch fällt ein großer Arbeitsgang auf jeden Fall an: Winterzeit ist *Dreschzeit*. Die Garben werden mit dem Dreschflegel bearbeitet, denn die Dreschmaschine gibt es noch nicht. Sie werden vom Dachboden befördert, auf der Diele ausgebreitet und so lange geschlagen, bis sich die Körner aus den Ähren lösen. Dann trennt man mit der Schaufel »die Spreu vom Weizen« und wirft das Herausgedroschene in eine Dielenecke, wo sich das Korn langsam häuft. Neben der Erntearbeit muß natürlich noch das *Vieh* versorgt werden. Das Melken der Kühe morgens und abends, Schweinefüttern u.ä. sind meistens Frauenarbeit.

Wie sehr die zu Beginn unseres Jahrhunderts aufkommenden Maschinen die Landarbeit erleichtern, können wir uns als Menschen einer weitgehend technisierten Welt kaum vorstellen.

Auch neue Erkenntnisse verändern die Landwirtschaft: Bringt 1708 eine gute Roggenernte noch das Vierfache der Einsaat, steigert sich 1908 der Ertrag mit Beginn der Kunstdüngung auf das 10-11fache. Welche Probleme solche Fortschritte mit sich bringen, spielt für die Bauern Volksdorfs keine Rolle mehr: Mit Hans Harder stirbt 1934 der letzte Besitzer einer Vollhufe, dessen Anwesen in den Hamburger Staatsbesitz übergeht.

Doch machen wir einen Sprung zurück, denn der Auflösungsprozeß

Auch das war schwere körperliche Arbeit: Rübenernte in Volksdorf. Sie mußten aufgeladen und herangekarrt werden.

des häufig so rosig beschriebenen Bauern-Idylls - sicherlich durch den Abstand der Erinnerung ein wenig vergoldet - beginnt schon früher.

Eine Schlüsselrolle spielt dabei der 31jährige Hamburger Unternehmer *Heinrich Ohlendorff*, der 1867 zunächst die Jagd in den Dörfern Volksdorf, Sasel und Bergstedt pachtet. Er legt auf seinen Volksdorfer Ländereien einen Gutsbetrieb an, läßt dazu alte Bauernhäuser abreißen und neue Landwirtschaftsgebäude errichten. Peter Hinschs' Bauernhaus muß einem im derzeit modernen »Schweizerstils« errichteten Herrenhaus weichen (Nachfolgebau: heutiges Ortsamt).

Mit dem von Ohlendorff unterstützten *Kleinbahnbau* von Altrahlstedt in die Walddörfer - sie wird 1904 eröffnet - beginnt in Volksdorf ein florierendes Baugrundstücks-Geschäft, an dem Ohlendorff beteiligt ist. Südlich der Eulenkrugstraße parzelliert er Teile seines Gutes. Eines der ersten ausgedehnten *Volksdorfer Wohngebiete* wird damit erschlossen, mit regelmäßigem Straßennetz und Alleebepflanzung, mit großen Gartengrundstücken und Ein-

familienhäusern. Der Erste Weltkrieg setzt dem Bauboom ein Ende, doch beginnt er nach der Inflation erneut. 1922-29 wird die Siedlung Wensenbalken mit Doppel- und Reihenhäusern errichtet, die bereits 1915 im Zusammenhang mit der Kriegerheimstättenbewegung geplant wurde. 1929-31 entsteht unter Fritz Schuhmacher, dessen optisch prägnante Backsteinbau-Varianten sich im gesamten Hamburger Stadtgebiet wiederfinden, die Walddörfer Schule (Im Allhorn 45). Die Leitidee ist, eine Gartenstadtschule im Unterschied zur Großstadt- und Vorstadtschule zu errichten.

1950 werden die traditionalistischen Backstein-Geschäftshäuser an der Claus-Ferck-Straße und das Postamt gebaut. Größere Projekte der Zeit sind die Buckhorn- und die Franksiedlung, die Wohngebiete am Rögen und am Schmalenremen.

1962 beginnt der Verein »De Spieker« den östlichen Teil des einstigen Dorfes zum in Hamburg einmaligen *Freilicht-Museum* auszubauen. »De Spieker« können zwei Bauernhäuser und ein Instenhaus als Kernstück übernehmen. Hinzugekommen sind eine aus Hummelsbüttel stammende Grützmühle, eine Durchfahrtsscheune von 1657 (1972 aus Schnakenbek bei Lauenburg übertragen) sowie eine Schmiede mit Vorhalle (1977 erstellte Kopie der verfallenen Wohldorfer Schmiede am Duvenstedter Triftweg).

Im *Museumsdorf* entsteht vor dem Besucher ein Bild längst vergangener Lebensweisen: Jahrhundertelang hatte der den stormarnschen Bauernhäusern zugrundeliegende Bautypus des *Fachhallenhauses* Platz geboten für Mensch, Tiere, Erntevorräte und viele Binnenarbeiten. Diese Bauernhäuser waren Fachwerkkonstruktionen mit weit heruntergezogenem Strohdach, das auf zwei Reihen Ständer ruhte.

In seiner älteren Bauweise bestanden die Flächen zwischen dem Fachwerk aus einem Geflecht dünner Äste, die man durch senkrechte Staken hindurchwand (daher »Wand«). Darauf wurde aufbereiteter Lehm getragen. Die Diele des Hauses, deren Boden aus gestampftem Lehm bestand, betrat man durch die wagenweite »Grotdör«. Hier wurde die Ernte durch die Dachbodenluke unter »Dach und Fach« gebracht, bot sich Platz an für mancherlei Arbeiten - wie z.B. das Dreschen.

Den Mittelpunkt des zweiarmigen Fletts, das meist mit kleinen Feldsteinen gepflastert war, bildete die Herdstelle. Es gab zunächst keinen Schornstein, der Rauch zog durch die Seitentüren und das Dach ab. An der Decke hingen an einem Lattengerüst Schinken, Würste und Speck, die durch den Herdstellenrauch konserviert wurden.

Das *Leben im Wohnstallhaus* beurteilten Zeitgenossen sehr unterschiedlich. Ein Justus Möser (1720-94) hob die Vorteile hervor: »Der Heerd ist fast in der Mitte des Hauses und so angelegt, daß die Frau, welche bei demselben sitzt, zu gleicher Zeit alles übersehen kann [...] Ohne von ihrem Stuhle aufzustehen, übersieht

die Wirthin zu gleicher Zeit drey Thüren, dankt denen, die hereinkommen, heißt solche bey sich niedersetzen, behält Kinder und Gesinde, ihre Pferde und Kühe im Auge, hütet Keller und Boden und Kammer, spinnet immerfort und kocht dabei. Ihre Schlafstelle ist hinter diesem Feuer, und sie behält aus derselben eben diese große Aussicht, sieht ihr Gesinde zur Arbeit aufstehen und sich niederlegen, das Feuer anbrennen und verlöschen.

[...] Und wer den Heerd der Feuersgefahr halber von der Aussicht auf die Deele absondert, beraubt sich unendlicher Vortheile. Er kann sodenn nicht sehen, was der Knecht schneidet, und die Magd futtert. Er hört die Stimme des Viehs nicht mehr. Die Einfarth wird ein Schleichloch des Gesindes, seine ganze Aussicht vom Stuhle hinter dem Rade am Feuer geht verlohren, und wer vollends seine Pferde in einem besonderen Stalle, seine Kühe in einem anderen, und seine Schweine im dritten hat, und in einem eigenen Gebäude drischt, der hat zehnmal so viel Wände zu unterhalten, und muß den ganzen Tag mit Besichtigen und Aufsichthaben zubringen.«

Demgegenüber formulierte ein A.Bruchhausen im Jahre 1790 seine Vorbehalte gegenüber diesem Haustyp: »Unsere meisten Bauernhäuser [...] gleichen einer hohlen Rast, sind

für Menschen und Vieh ungesund, unbequem und überhaupt für die Landwirtschaft übel eingerichtet. Die Wohn- und Schlafstuben sind zu enge, zu niedrig, die Fenster zu klein und oft so gemacht, daß sie nicht können geöffnet werden, um frische, gesunde Luft hineinzulassen. In vielen Häusern liegt die Mistgrube vor der Wohn- und Schlafstube [...] Die Küchen sind kalt und allem Winde offen, so daß das Feuer in die Dresche verfliegen, und von Hunden und Katzen ganz leicht darin geschleppt werden kann [...] Auch sind an vielen Bauernhäusern noch keine Schornsteine, darum sieht da alles so schmutzig und so schwarz aus. Menschen, Kleider, Leinenzeug, das Essen und das Futter fürs Vieh sind wie geräuchert: die Luft wird unrein, erstickend und den Augen schädlich.«

Wir wissen aus zeitgenössischen Berichten, daß damals die Menschen im Winter in diesen Häusern gefroren haben. Die Innentemperaturen lagen nur 5-6 Grad über der jeweiligen Außentemperatur - trotz der Wärmedämmschicht, die das unter dem Dachboden gelagerte Heu bot und der Wärmeausstrahlung von Vieh und Herdstelle.

Das Bauernhaus mit seinen Nebengebäuden, wie Scheunen und Backhaus, wurde von Mauern aus Feldsteinen umgrenzt. An der Westseite war es häufig von Eichen oder Lin-

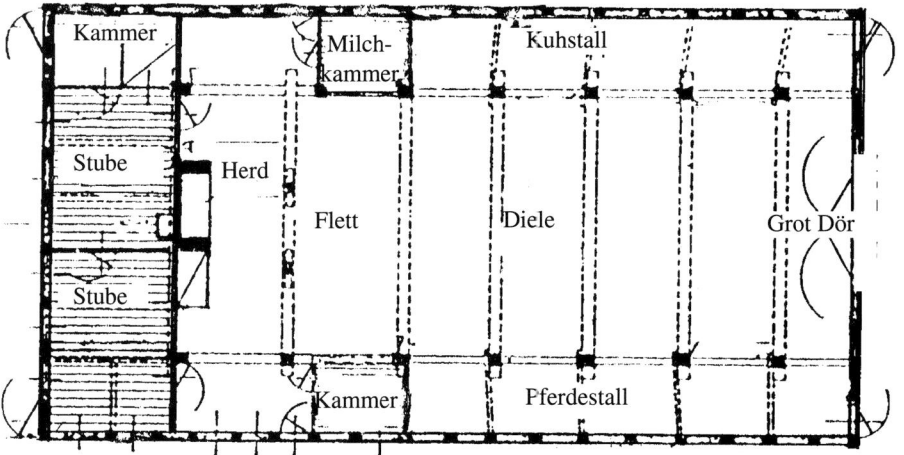

Grundriß vom Spiekerhus. Das Fachhallenhaus hier in seiner ursprünglichen Nutzung als Bauernhaus von Hein Ellerbrock.

Das Museumsdorf an der Straße »Im Alten Dorfe« im Zentrum von Volksdorf. Rechts-außen am Eulenkrugpfad der Harderhof, darüber das Spiekerhus, dann die Grützmühle, die Durchfahrtsscheune, das Durchfahrtshaus und im Vordergrund der Dorfkrug. Beinahe im Mittelpunkt steht die rekonstruierte Wohldorfer Schmiede.

den umgeben, die vor Wind und Wetter schützten.

Neben den unterschiedlich großen Bauernhöfen und -häusern gab es die Häuslingshäuser (Hüßelhus). Häuslinge waren Landarbeiter, die bei dem Bauern, auf dessen Hof sie arbeiteten, das »lütt Hus« bewohnten. In diesen Katen, die im Kleinformat eine ähnliche Gliederung aufwiesen wie das bäuerliche Wohnstallhaus, muß eine unvorstellbare Enge für die meist kinderreiche Landarbeiterfamilie geherrscht haben.

Solange sich die landwirtschaftliche Arbeit nicht wesentlich änderte, blieb das Fachhallenhaus erhalten. Ende des 19. Jahrhunderts wurden lediglich »Modernisierungen«

durchgeführt: Das bis dahin zur Diele offene Flett wandelte man mittels einer Wand in einen vom Wirtschaftsteil abgetrennten Wohnbereich um. Der so entstandene Raum wurde meist noch in mehrere Zimmer aufgeteilt.

Einst das Wohnhaus vor Wind schützende Bäume sind manchmal letzte Zeugen eines Hofes: In der Fußgängerzone (»Weiße Rose« benannt, nach einer Widerstandsgruppe des Zweiten Weltkriegs) des 1976/77 entstandenen Geschäftszentrums sind noch einige alte Bäume erhalten geblieben, die dem Ferckschen Hof als Windschutz dienten.

Doch häufiger ist die Natur der Verlierer angesichts des wachsenden

Wohnraumbedarfs: Die bei der Verkopplung entstandene, guterhaltene Knicklandschaft westlich des Buchenkampes mußte seit 1983 der Erschließung des Wohngebietes weichen.

Volksdorfs rund 16.500 Einwohner können sich trotz wachsender Besiedlung weiterhin von ihrem stadtnahen Vorort verwöhnt fühlen: mit seinen verkehrsbedingten Vorzügen, seinem Einkaufszentrum sowie dörflichen Charakter auf der einen Seite und ländlich-beschaulichen Erholungsmöglichkeiten in unmittelbarer Nachbarschaft auf der anderen Seite.

Bau des Walddörferbahnhofes an der Claus-Ferck-Straße.

Bahnbrücken wurden für die neue Verbindung nach Großhansdorf und Ohlstedt errichtet - hier vermutlich über die Straße »Kattjahren«.

Die Bahnangestellten vor dem 1903-04 gebauten Kleinbahnhof um 1924. Der Kleinbahnbetrieb wurde 1934 eingestellt. Rechts im Hintergrund befindet sich der Bahndamm der 1912-18 gebauten Walddörferbahn, die 1925 bis Ohlstedt verlängert wurde. Das Bahnhofsgebäude am heutigen Volksdorfer Marktplatz ist erhalten geblieben (siehe folgende Seite).

Die Eröffnungsfahrt der Kleinbahn mit geladenen Gästen erfolgte im Oktober 1904. Das war schon ein Ereignis, zu dem begeistert der Zylinder geschwenkt werden konnte.

ALT-RAHLSTEDT · VOLKSDORF

Auf dem Wochenmarkt wird frische Ware feil geboten - sehr beliebt bei den Volksdorfern und auch im weiten Umkreis. Hintergrundkulisse: das alte Bahnhofsgebäude der ehemaligen Kleinbahn.

Volksdorf aus der Luft. Parallel zur Bahnlinie die Straße »Uppenhof«. Im Hintergrund der Gebäudekomplex des Walddörfer Gymnasiums.

Volksdorf um 1930. Neben dem fast kleinstädtische Dimensionen einehmenden Bahnhof der Walddörferlinie sind die Gebäude der Kleinbahn zu erkennen. Den Bereich des heutigen Zentrums bestimmen hier noch Hofstellen mit ihren Weiden.

Die Straße Wensenbalken, Ecke Ohlendorffs Tannen (rechts). Die Siedlungen Wensenbalken im Norden des Ortes wurde 1922-29 gebaut. Im Zusammenhang mit der Kriegerheimstättenbewegung war sie bereits 1915 geplant.

Winter in den 50er Jahren. Bauer Fercks Pferd zieht geduldig den Schneepflug über den Bürgersteig der Halenreie.

Das Landhaus wurde vermutlich in den 1820er Jahren vom Hamburger Makler Joachim Heinrich Rohlfs gebaut. Es stand bis zu seinem Abbruch 1967 an der Claus-Ferck-Straße auf dem leeren Grundstück neben der Kirche am Rockenhof.

An der Stelle des einstigen Dorfkrugs an der Claus-Ferck-Straße wurde 1930 ein Geschäftshaus errichtet, das zunächst die »Produktion« nutzte.

Die Räucherkate (vergleiche rechte S.)
wurde vom Architekten Max Peiniger - den
heutigen Bedürfnissen angepaßt - restauriert
und dient als Jugendheim.

Der Dorfkrug von Peter Cords um 1929. In dem Haus befand sich auch bis 1921 die von Hein Puls betriebene Poststelle. Das Gebäude an der Claus-Ferck-Straße, Ecke Vörn Barkholt wurde 1929 abgerissen.

Die Räucherkate an der Claus-Ferck-Straße, Ecke Lerchenberg, um 1930. Sie ist wahrscheinlich rund 300 Jahre alt und gehörte zur Vollhufe von Hein Ellerbrock, dem Spiekerhus.

Das ehemalige gründerzeitliche Hufnerhaus, Lerchenberg 2, steht heute hinter einer dichten Hecke verborgen.

Es scheint als läge das gründerzeitliche Bauernhaus der Familie Weitzmann, Lerchenberg 2, im Dornröschenschlaf von einer grünen Wand umgeben. Der Blick hinter das Grün legt ein schmuckes Säulenportal frei.

Die Walddörferschule, Am Allhorn 45, kurz nach ihrer Fertigstellung 1931. Der obere Flügel diente als Volksschule, der untere als Oberrealschule (heute Gymnasium). Sie gilt als der Schulbau, mit dem Fritz Schumacher am klarsten die pädagogischen Reformanliegen der 20er Jahre architektonisch ausgedrückt hat. Leitidee war, eine Gartenstadtschule zu errichten, die sich deutlich von der Großstadt- und Vorstadtschule durch einbezogene räumliche Nähe der freien Natur und ländlichen Kultur unterscheidet. Demgemäß sollte die offene Form der Anlage viel Luft und Licht in die Klassenräume bringen.

Das Wohngebiet am Ahrensburger Weg 1932. Die heutige Straße verläuft von der Bahnbrücke nach rechts (rechte Bildecke; damals noch von einem Feld unterbrochen). Im Vordergrund von links nach rechts der Moorbekweg.

Die Wagenremise des Bauernvogthofes (der sogenannte Rockenhof) um 1930. Das Gelände des Hofes lag zwischen der heutigen Kirche am Rockenhof und dem Hallenbad.

Rechte S.:Die evangelisch-lutherische Kirche am Rockenhof auf dem Hügel am Bahnhof gelegen. Sie wurde als bodenständig-traditionalistischer Backsteinbau 1952-53 nach einem Entwurf von Walter Ahrendt errichtet. Das durch Stahlbetonbinder gegliederte Innere ist 1989 von Bernhard Hirche neugestaltet worden.

Das Spiekerhus wurde Ende des 17. Jahrhunderts gebaut und ist das älteste Gebäude des Museums. Später zweckentfremdet verbaut, wurde es durch »De Spieker« in seinen ursprünglichen Zustand versetzt. Nur daß es jetzt natürlich nicht mehr als Vollhufnerhaus dient, sondern zu Ausstellungs- und Versammlungszwecken genutzt wird. Der Einfahrtsgiebel des Zwei-Ständer-Fachhallenhauses zeigt in den Gefachen rekonstruierte alte Ziegelmuster.

Der Harderhof wurde nach einem Brand 1757 als Vollhufnerhaus neu gebaut und durch Brandstiftung 1967 wiederum zerstört. »De Spieker« errichteten das für die holsteinische Geest Mitte des 18. Jahrhunderts übliche Zwei-Ständer-Fachhallenhaus in der rekonstruierten Form von 1800 neu. Es ist heute museal ausgestattet.

Das einstige Hardersche Instenhaus wird heute als Volksdorfer Dorfkrug genutzt (vergleiche rechts-unten). Im Hintergrund der von »De Spiekern« rekonstruierte Harderhof.

Die erste Dampfmaschine in Volksdorf erleichterte die schwere bäuerliche Arbeit sehr. Die mühevolle Handarbeit begann sich zu reduzieren.

Die Fachwerkkate zur Halbhufe von Jochen Wagner brannte 1912 ab. Links der Dorfteich, auch heute noch an der Straße »Im alten Dorfe« dem Museumsdorf gegenüber gelegen - hier 1905.

Die Höfe an der Stelle des heutigen Museumdorfs an der Straße »Im alten Dorfe«, Ecke Eulenkrugpfad um die Jahrhundertwende. Im Vordergrund das Instenhaus zur Harderschen Vollhufe, der heutige Dorfkrug. Links im Hintergrund die Halbhufe von Jochen Wagner, rechts im Hintergrund am Wegesrand die Ellerbrocksche Vollhufe (Spiekerhus) und ganz rechts der Hardersche Hof. Beide werden von der später abgebrochenen Harderschen Scheune halb verdeckt.

Blick entlang der Straße »Im Alten Dorfe«
in Richtung auf die Ecke Wiesenhöfen/Im
Alten Dorfe um 1920 mit dem heute als Restaurant genutzten Gebäude im Hintergrund.

Rechts die 1916 abgebrannte Vollhufe von
Clas Hinsch junior. Daneben die zugehörige
Scheune. Heute befinden sich dort, wo von
der Straße »Im Alten Dorfe« die Straße
»Wiesenhöfen« rechts abzweigt, Geschäfts-
häuser (siehe folgende Seite). Gegenüber
der ehemaligen Vollhufe steht heute die
Friedenseiche.

Das »Hotel zur Friedenseiche« öffnete um
1875 den Gästen seine Türen. Es wurde
1961 abgerissen. An gleicher Stelle
errichtete die Hamburger Sparkasse 1963-
64 ein aus dem dörflichen Charakter
herausklaffendes dreigeschossiges
Gebäude. Es machte Anfang 1991 einem
Neubau Platz.

Rechte S.:Modischer Chick findet sich in
Volksdorfs Boutiquen. Dagegen wetteifern
die Spiegelbilder der Backsteinhäuser an der
Straße Wiesenhöfen, kurz bevor sie »Im
Alten Dorfe« heißt. Dort befand sich die
Vollhufe von Clas Hinsch junior.

Volksdorf „Hotel zur Friedenseiche", Ad. Hove
Salon mit Bühne, grosse Veranden, schattiger Garten
Ausspann. Fernsprecher Amt Alt-Rahlstedt 18

Die Vollhufe von Hans Wagner lag schräg gegenüber vom Ohlendorffschen Gutshaus, dort wo sich heute das Kino »Koralle« befindet. Das Bauernhaus wurde 1951 abgerissen.

1860 wechselte der bäuerliche Betrieb Wagners von der Claus-Ferck-Straße zur neuen Hofstelle am heutigen Mellenbergweg 1. Sie wurde bereits 1937 wieder abgebrochen.

An der Stelle des Wagnerschen Hofes am Mellenbergweg 1 stehen heute mehrgeschossige Wohnhäuser.

Das Ohlendorffsche Gutshaus wurde 1928 abgebrochen und 1928-29 durch eine Villa im neoklassizistischen Putzbau ersetzt, die heute als Ortsamt dient. Hier aus der gleichen Sicht mit dem heute noch gleichnamigen Rest des Ohlendorffschen Parks.

Tennis um 1900 auf der Wiese des Ohlendorffschen Parks, der bis zur heutigen Straße »Rehblöcken« reichte. Im Hintergrund das Gutshaus des Ohlendorffschen Gutes. Heinrich Ohlendorff (1836-1928) wurde durch Guano-Importe reich und nach dem Krieg 1870-71 als Anhänger Bismarcks geadelt.

Hôtel Waldesruh (Heinr. Grund).

GRUSS aus VOLKSDORF.

Oben: Das »Hotel Waldesruh« am Mellenbergweg, der hier vor dem Volksdorfer
Wald scharf abbiegt. Gebäudeabschnitte
bestanden bis 1975 und wurden schließlich
abgerissen. Heute befindet sich an gleicher
Stelle das Hamburger-Taubstummen-
Altenheim.

Mitte: Blick auf den Abschnitt des einstigen
Hotels Waldesruh aus entgegengesetzter
Richtung von der Straße »Rehblöcken«
heute.

Unten: Hinter dem Haus an der Eulenkrugstraße, Ecke Groten Hoff, lag das »Hotel
Stadt Hamburg«.

56

Die »Eliza« (links), eine Bronzeskulptur von Siegfried Assmann an der Claus-Ferckstraße, pustet unbeirrt von den »Schaufensterbumm-lern« ihre Blume. Sie verdankt ihren Namen dem Blumenmädchen aus »My fair lady«.

Das »Hotel Stadt Hamburg« um 1910. Es wurde 1885 von Claus Ferck auf einem vom Hof abgetrennten Grundstück gebaut. 1912 verkaufte der Sohn das Hotel und 1967 wurde das Gebäude abgebrochen. Es befand sich an der Straße »Groten Hoff« (siehe links-unten).

Das Johannes-Petersen-Heim an der Schemmannstraße Anfang des Jahrhunderts. Es befindet sich noch heute nahezu unverändert in eine malerische Landschaft aus Wiesen und Feldern eingebettet.

Der 1904 errichtete Neubau der Volksdorfer Ober-Försterei steht heute noch unverändert an der Farmsener Landstraße 100. Die heutige Revierförsterei war schon 1837 Sitz der hamburgischen Forstverwaltung, bis man sie 1937 in die Innenstadt verlegte.

Gruss aus Volksdorf      Ober-Försterei      Hôtel Waldesruh
H. Grund

Die Fußgängerzone »Weiße Rose«, benannt nach einer Widerstandsgruppe des Zweiten Weltkriegs. Das Postamt entstand zusammen mit den traditionalistischen Backstein-Geschäftshäusern an der Claus-Ferck-Straße um 1950. Die kräftig ins Horn stoßende Postillion-Bronze von Richard Kuöhl wurde 1949 geschaffen.

Die Hofstelle des Bauernvogtes Clas Ferck mit dem 1844 errichteten Wohnhaus und dem Stallgebäude. Beide wurden 1965 abgebrochen. Den Hof verlegte die Familie Ferck zum Buchenkamp 10.

Das heutige Diakonissen-Mutterhaus an der Farmsener Landstraße 73. Soziale Aufgaben wurden hier seit 1927 wahrgenommen. Die Villa war Ausgangspunkt für das dahinter errichtete Amalie-Sieveking-Krankenhaus.

# Bergstedt - Urkirchspiel für die Walddörfer

## Erste menschliche Spuren

Das gesamte Bergstedter Gebiet weist reichhaltige Zeugnisse aus vorgeschichtlicher Zeit auf. Hier seien nur die bedeutendsten erwähnt: Zwischen Saselbek und Rögenredder zeigen Hunderte von Feuersteinwerkzeugen und -waffen, daß hier Jäger der auslaufenden Altsteinzeit dem entlang der Alster-Urstromtäler ziehenden Ren folgten. Spuren der bereits Ackerbau betreibenden Bronzezeit-Menschen sind die Wöhlberge westlich der Bergstedter Chaussee im Naturschutzgebiet Hainisch-Iland. Sie bergen noch heute mehrere Hügelgräber. Ein Urnenfeld mit 41 Fundstellen am nördlich davon gelegenen Furtredder gibt der archäologischen Forschung Aufschluß über bronzezeitliche Bewohner. Spuren eisenzeitlicher Menschen sind unter anderem Eisenschlacke, Mahlsteine und Siedlungskeramik (am Rügelsbarg).

## In den Wirren der Geschichte

Das einst holsteinische Dorf Bergstedt hat den am besten erhaltenen Dorfkern im nördlichen Hamburg. Als *Runddorf* angelegt, breitet sich ein sternförmiges Straßennetz von der Kirche als Mittelpunkt aus. Sie ist auch Mittelpunkt der Bergstedter Geschichte:

Das Dorf wird 1248 erstmals urkundlich erwähnt, doch liegt seine Gründung wahrscheinlich 1.000 Jahre weiter zurück - vermuten Forscher aufgrund der schon aus sächsischer Zeit stammenden Endung »stedt«. In der *Urkunde* heißt der Ort noch »Berichstede«, geht also auf den alten Personennamen »Berich« zurück.

Bereits um 1200 entstand die *Bergstedter Kirche*, denn aufgrund zahlreicher neugegründeter Dörfer des teilweise entvölkerten Stormarns war der zuständige Hamburger Dom überfordert und zu weit weg. Bergstedt hatte als eines der wenigen Dörfer die *Slaweneinfälle* überstanden (siehe Wohldorf).

Mehr als 20 Dörfer von Wilstedt bis Lütjensee gehören im Mittelalter zum Kirchengemeindebezirk (Kirchspiel) Bergstedt, der in obiger Urkunde dem neuen Bezirk Trittau das Dorf Lütjensee abtritt. 1329 besteht Bergstedt aus acht Höfen, deren Grundeigentümer ein Zweig der *Ritter von Wedel* ist. Mit Wohnsitz in *Rodenbek* gehört ihnen außer Bergstedt das benachbarte Sasel und die *Rodenbeker Kornmühle* (an der Bredenbekmündung in die Alster, beim heutigen Gasthaus Quellenhof). Von ihr müssen die Saseler und Bergstedter Bauern das Korn mahlen lassen (Zwangsmühle). Neben ihr liegt der *Herrenhof* der Ritter von Wedel.

Sie verkaufen 1345 ihren Besitz an das *Hamburger Domkapitel*, das 1542 evangelisch wird. Die *lutherische Reformation* setzt sich nach anfänglichen Widerständen durch und *J.Bugenhagens evangelische Kirchenordnung* wird von Räten, Prälaten, Ritterschaft und Städten für die Herzogtümer Holstein und Schleswig gebilligt.

Im Auftrag des *Gottorfer Herzogs* beschlagnahmt der Trittauer Amtmann alle Dörfer des Domkapitels in der Reformationszeit. Trotz Widerstandes vom Domkapitel - 1578 kommt es zu einem Vergleich -bleiben sie in herzoglichem Besitz.

Der *Dreißigjährige Krieg* (1618-48) verschont auch Bergstedt nicht. Dieser als Religionskampf beginnende und als europäische Machtauseinandersetzung endende, chaotisch gnadenlose Krieg fordert nach und nach seinen Tribut von den Stormarn-Dörfern, denn »Freund« wie

Der Gemeinde Bergstedt in der Provinz Schleswig-Holstein wurde 1935 das Recht verliehen, das Wappen zu führen.

Feind leben von der Bevölkerung, und Plündereien sowie Brandschatzung stehen auf der Tagesordnung.

Nach der Niederlage des *Dänenkönigs Christian IV.* gegen *Tilly* (1626 bei Lutter am Barenberge) strömt das geschlagene Dänenheer zurück und die ligistisch-kaiserlichen Truppen (*Tilly* und *Wallenstein*) besetzen Schleswig-Holstein und Jütland. Der Durchzug der Truppen führt zu Plünderungen und Zerstörungen. Der *Bergstedter Kirchspielvogt* bittet den Trittauer Amtschreiber um keine weiteren Einquartierungen. Lieber wolle man alles verkaufen und mehr Abgaben leisten. Im Frieden von Lübeck (1629) gelangt Holstein wieder an den dänischen König Christian.

Die weiteren *Kriegsaktivitäten* bestimmt der unüberbrückbare Gegensatz zwischen Dänemark-Norwegen und Schweden, in den auch Holstein mit hineingezogen wird. 1643 fällt der *schwedische General Torstenson* auf seinem Kriegszug gegen Dänemark auch in die *holstein-gottorfschen Herzogtümer* ein. Im Bergstedter Kirchenbuch heißt es 1643:

Das Innere der Kirche wird von ländlicher Schlichtheit bestimmt. Die Holzbalkendecke von 1609 ist mit einer Bemalung von 1685 versehen. Der Altaraufsatz wurde 1952 aus verschiedenen Stücken des 17. Jahrhunderts zusammengesetzt (das Kruzifixus stammt aus vorreformatorischer Zeit). Die um 1745 in den Altar eingefügte Kanzel von 1686 versetzte man an die Wand. Über allem schwebt der 1768 geschaffene Taufengel.

Rechts: Die evangelisch-lutherische Pfarrkirche am Wohldorfer Damm. Sie hat zahlreiche bauliche Veränderungen erfahren - insbesondere das Mauerwerk und die Fenster. Ihr Kern, ein Feldsteinbau aus der Zeit um 1200, ist jedoch erhalten geblieben.

»Hier gehet der schwedische Krieg an, da nicht alles so genau hat können verzeichnet werden, weil man oft die Flucht nehmen müssen [...]. Die Schweden sind [...] wieder herausgezogen Anno 1645 umb Michaelis«. In einer weiteren Aufzeichnung des Pastors von 1644: »Dies Kind ist in meinem Hause getauft, da die schwedischen Reuter [...] alle Häuser spolieret, das der Gottesdienst verhindert. Habe mir damals alles nehmen lassen müssen, daß ich nicht ein Brodt behalten«. Der Knecht Jochim Bruhns und ein Hoisbüttler werden beim Holzfahren zu Tode gequält: Schwedische Reiter nehmen ihnen in den »Sahren« (beim heutigen Campingplatz Haselknick) die Pferde weg. Die beiden flüchten in die Hei-

de fast bis »an Bargstedt, daselbst sie die Reuter ergriffen, gebunden und bei den Pferden geschleppt biß in einen Busch, allda sie den Knecht erschossen, den andern aber mit Prügeln zu tode geschlagen und sie gar elendlich zugerichtet«, berichtet der Bergstedter Pastor.

1645 ziehen die Truppen ab. Das *Neutralitätsabkommen Herzog Friedrichs III.* mit den Schweden wird zum Anlaß ständiger Auseinandersetzungen der Gottorfer mit den dänischen Königen. Mit schwedischer Unterstützung erlangt die Gottorfer Linie 1657 volle *Souveränität* über ihre Besitzungen, jedoch wird kurz darauf der größte Teil des Landes von zu Hilfe eilenden *kaiserlichen, brandenburgischen* und *polnischen*

*Truppen* besetzt. Sie eilen Dänemark gegen einen neuerlichen *Überfall Karls X. Gustav von Schweden* zu Hilfe:

In Bergstedt und den benachbarten trittauischen Dörfern quartiert sich zunächst ein *Regiment dänischer Reiter* ein. Doch wird das dänische Heer bei Meiendorf von Karl Gustav geschlagen und zieht sich zurück. Daraufhin drängen die insgesamt 30.000 Mann starken Hilfstruppen die Schweden zurück. Von allen Seiten werden die Dörfer geplündert und von den fliehenden Schweden in Brand gesteckt. Der *Friede von Kopenhagen* (1660) setzt dem ein Ende. Er bestätigt die Souveränität des Gottorfer Herzogs (*Christian Albrecht* seit 1659).

Die Bergstedter Kirche mit dem 1906 gebauten und 1977 abgerissenen Schulhaus. Das mittelalterliche Kirchenschiff wurde 1745-50 durch Jasper Carstens zur heutigen Straße hin verlängert und mit einem Fachwerkturm über dem Westgiebel versehen. Carstens war Gutsherr in Jersbek, Hausarchitekt des Benedix von Ahlefeldt, Klosterprobst in Uetersen und Direktor der hamburgischen Staatsoper.

1750 verpfändet der Gottorfer Herzog *Karl Peter Ulrich* die sieben Rühmerdörfer (Rühmer=frei, ohne Wald im Gelände gelegen) Bergstedt, Bramfeld, Steilshoop, Alsterdorf, Sasel, Meiendorf und Oldenfelde an Hamburg. Damit wird der Waldherr im Wohldorfer Herrenhaus (siehe dort) Verwalter über die Orte, bis Hamburg 1768 die Schulden für die Anerkennung seiner Reichsunmittelbarkeit erläßt.

1783 führt Landmesser Claußen die *Verkopplung* durch, bei der die Felder der sechs Hufner, drei Halbhufner und sechs Kätner neu verteilt werden.

Seit dem Mittelalter wird nur ein Schmied als *Handwerker* im Ort benannt. 1840 gibt es bereits je zwei Bäcker, Zimmerleute, Schuster, Maurer, Steinhauer, vier Schneider, je einen Schmied, Rademacher, Sattler, Drechsler, Färber, Gärtner, mehrere Weber und Müller mit Gesellen in Bergstedt. Der Ort hat Mitte des 19. Jahrhunderts etwa 350 Einwohner.

1867 wird Bergstedt als *selbständige Gemeinde* zum Kreis Stormarn der preußischen Provinz Schleswig-Holstein zugeteilt. Gehörten bisher zu den historischen Walddörfern Farmsen, Berne, Volksdorf, Schmalenbeck, Groß-Hansdorf, Wohldorf-Ohlstedt, so findete 1937 eine Neuaufteilung nach dem *Groß-Hamburg-Gesetz* statt, die zu den heutigen Walddörfern führt: Wohldorf-Ohlstedt, Volksdorf, Bergstedt, Lemsahl-Mellingstedt und Duvenstedt zählen dazu.

Wie auch in den anderen Walddörfern setzte allmählich ein *Auflö-* sungsprozeß der dörflichen Strukturen ein: Bis zum Ersten Weltkrieg parzelliert man drei Vollhufen. Am Kaudiekskamp und am Wohldorfer Damm entstehen die ersten Siedlungen. Weitere folgen im Bereich Kortenland und an der Saselbek. 1966-68 entsteht in Nachbarschaft zur Volksdorfer Siedlung Wensenbalken am Volksdorfer Damm eine Großsiedlung mit 500 Mietwohnungen und 150 Einfamilien-Reihenhäusern. Bergstedts weitere Aufsiedlung an der Bergstedter Chaussee und an der Rodenbeker Straße beläßt den alten Dorfkern noch relativ unangetastet. Der soll, bisher als »Milieugebiet« deklariert, auch in Zukunft verschont bleiben - selbst wenn Bergstedt mit seinen heutigen rund 7.400 Einwohnern weiter wächst.

Das Bergstedt von 1930 aus der Luft mit der Bergstedter Kirche im Mittelpunkt. Oben die Bergstedter Chaussee. Im Vordergrund das Krachtsche Gehöft (vergleiche auch folgende aktuelle Luftaufnahmen).

Das Reetdachhaus am Volksdorfer Damm 262, Ecke Bergstedter Chaussee, gehörte früher der Kirche. Es steht heute noch nahezu unverändert an gleicher Stelle. Eine fachgerechte Sanierung des um 1850 errichteten Fachwerkwohnhauses erfolgte durch den jetzigen Besitzer.

Die Bergstedter Chaussee, Ecke Volksdorfer Damm heute. Die Straße wurde um 1932 durch den Pastoratsgarten gelegt. An der Ecke das Fachwerkwohnhaus, Volksdorfer Damm 262.

Auf dem Gelände des Meyerschen Hofes hat sich heute ein Steinmetz am Volksdorfer Damm 258 niedergelassen.

Neben der einstigen Krogmannschen Kate steht heute ein Geschäfts- und Wohnhaus. Zwei der einst die Kate umgebenden Linden befinden sich noch rechts neben dem gezeigten Gebäude. Dort wird derzeit gebaut.

Die Bergstedter Chaussee, Ecke Volksdorfer Damm (rechts), vor 1932. Der Pastoratsgarten reichte noch bis an das Reetdachhaus am Volksdorfer Damm. Die drei in der Kaiserzeit gepflanzten Eichen (Bismarck-, Moltke- und Rooneiche genannt) standen bis 1973 an der Kreuzung.

Das Fachwerkhaus der 1933 abgebrannten Büdnerei Meyer.

Am Volksdorfer Damm 255 befand sich die Krogmannsche Kate (Altenteil). Sie brannte um 1980 ab.

Der Hof von Heinrich Griem an der heutigen Bergstedter Kirchenstraße brannte 1946 ab. Hier bestand bereits 1573 eine Katenstelle.

Der gleiche Blick in die Bergstedter Kirchenstraße heute. Heinrich Griem baute 1947 an gleicher Stelle ein neues Haus, das später abgebrochen wurde. Jetzt stehen dort Reihenhäuser.

Das »Bergstedter Landhaus« mit Säulenportal, an der Alten Landstraße gelegen, kann auf eine etwa 100jährige Tradition zurückblicken. Hier kehrten früher die Fuhrleute zur Rast ein.

Die Stüffel-Siedlung der Wohnungsbau-Genossenschaft Walddörfer entstand 1966-68 am Volksdorfer Damm. Rechts der Volksdorfer Grenzweg.

Die Bergstedter Alte Landstraße vor 1932. Hier entlang fuhren die aus Richtung Hamburg kommenden Frachtwagen nach Hoisbüttel bis 1930-32 die heutige Bergstedter Chaussee rechts am Haus vorbei geführt wurde. Das Haus steht heute noch. Im Hintergrund die Bergstedter Kirche.

Der 1991 fertiggestellte Neubau der Rudolf-Steiner-Schule, Bergstedter Chaussee 207. Gemäß den der Waldorfschulpädagogik zugrunde liegenden, anthroposophischen Maximen Rudolf Steiners beherrschen runde Formen die Architektur des Gebäudes.

Oben: Munter sprudelt das Wasser der zum Mühlenteich aufgestauten Saselbek an der Alten Mühle vorbei.

Links: Das heutige Bergstedt aus der Luft (gleicher Blickwinkel zur vorhergehenden historischen Aufnahme). Auch hier im Mittelpunkt die Bergstedter Kirche. Rechts das graue Band der Bergstedter Chaussee.

Das Mühlengebäude der alten Mühle. Es wurde 1882 errichtet, nachdem die 1735 gebaute vorige Mühle abbrannte. Auch sie hatte einen Vorgänger:Beim Gewitter lief 1735 der Mühlenteich über. Die Wassermassen spülten Mühle und Damm mit allen Werken fort.

Blick auf den westlichen Teil Bergstedts mit dem Mühlenteich im Mittelpunkt. Links im Vordergrund die Bergstedter Chaussee.

Eine bewegte Vergangenheit hat das Reetdach-Landhaus, Am Beerbusch 31. Im Zweiten Weltkrieg war hier die NS-Frauenschaft und eine Funkstation untergebracht. Danach diente es als Müttererholungsheim und später als Kinderheim. Heute nutzt das mit seiner Rückseite am Alsterwanderweg gelegene Haus eine Wohngemeinschaft.

Die Alte Mühle mit der seit Jahrhunderten bestehenden Gaststätte, hier in den 30er Jahren. Die Mühle wurde 1601 erstmals urkundlich erwähnt und arbeitete zunächst als Walk-, dann als Färbe-, Loh- und Pulvermühle. Nach einer Explosion stellte sie 1641 den Betrieb ein und wurde später (1695-1856) Getreidemühle mit Mahlzwang für die Bramfelder, Steilshooper, Alsterdorfer, Meiendorfer und Oldenfelder Bauern. 1969 wurde der Mühlenbetrieb aufgegeben. Die noch bestehende Gastwirtschaft ist heute ein beliebtes Ausflugsziel.

Die vor 1870 von Fritz Hillmer am Dorfeingang an der Bergstedter Chaussee, Ecke Bredeneschredder, errichtete Gastwirtschaft - hier inzwischen an Gustav Krüger weiterverkauft - um 1900 (vergleiche folgende Doppelseite).

Die heutige Bergstedter Chaussee war 1839 ein besserer Feldweg. Immerhin führte schon eine Brücke über die Saselbek. Der Anstieg in die bewaldeten »Wöhlberge« (bronzezeitliche Hügelgräber, siehe »Erste menschliche Spuren«) muß auch heute noch auf dem Weg von Sasel nach Bergstedt bewältigt werden.

Auf dem Höhepunkt des Anstiegs: der alte Fahrweg um die Jahrhundertwende.

Die Landstraße (Bergstedter Chaussee) in Richtung Bergstedt vor dem um 1930 erfolgten Ausbau. Im Vordergrund die Saselbekbrücke. Heute befindet sich am Straßenrand vor der Brücke ein kürzlich abgebranntes Restaurant.

Heute erinnert nur noch das nach wie vor als Restaurationsbetrieb genutzte Haus gegenüber der Einmündung »Alte Schmiede« an die einst idyllische Landstraße.

Die noch über freies Feld führende Bergstedter Chaussee, Ecke Alte Schmiede, nach ihrem Ausbau - hier in den 30er Jahren. Links die von Fritz Hillmer errichtete Gastwirtschaft.

Die Kraemersche Hofstelle (später Kracht) am Bergstedter Markt 3. Der um 1770 errichtete zweigeschossige Wohnteil wurde als Querhaus vor den Wirtschaftsteil gelegt - hier in den 20er Jahren. Der Hof war eine bereits im Mittelalter erwähnte Vollhufe.

In der alten Krugscheune stellten die Gäste der Gastwirtschaft »Zum Lindenkrug« ihre Frachtwagen unter. Ihre Fuhrknechte mußten ebenfalls mit der Scheune vorlieb nehmen. Vom Feuerteufel reichlich gesegnet, brannte auch dieser Bergstedter Fachwerkbau ab (1931).

Der vor wenigen Jahren renovierte Wohnteil des ehemaligen Kraemerschen Hofes vom Bergstedter Markt aus gesehen. Zum Markt hin erstreckte sich der Stallteil des Hofes. Er wurde bereits 1976 abgerissen - von einem Sturm.

An der Stelle des heutigen »Landhauses zum Lindenkrug« stand schon der alte Dorfgasthof aus dem 18. Jahrhundert. Die zugehörige Scheune befand sich nebenan beim heutigen Postamt (im Hintergrund).

Um die Jahrhundertwende versorgte Heinrich Timmermann mit seinem Krämerladen die Bergstedter.

Heute befindet sich an der Stelle des Krämerladens ein Geschäfts- und Wohnhaus, Bergstedter Markt 15.

Das Gehöft der Familie Kracht am Bergstedter Markt um 1927. Es ist aus einer 1573 erwähnten Halbhufe hervorgegangen.

Der gleiche Blick mit dem vom Markt rechts abzweigenden Furtstieg. Der Krachtsche Hof unterhält heute einen Reitbetrieb. Um den Markt gruppierten sich die Bergstedter Hufnerhäuser.

Die Rückseite des Reimerschen Hofes mit der zum Wirtschaftsteil führenden »Grot Dör«.

Das 1931 abgebrannte Reetdachhaus der Familie Reimers befand sich am heutigen Wohldorfer Damm, im Bereich der Wohnhäuser Nr. 1 und 1a (auch jetzt scharf abknickende Straße). Die Hofstelle war eine bereits 1573 erwähnte Vollhufe.

Siedlung Hamburg - Bergstedt, Wohldorferstraße

Der Wohldorfer Damm mit den Häusern der sogenannten Stadtrandsiedlung als eines der ersten Siedlungsprojekte. Die Bebauung hat sich in diesem Bereich bis heute wenig verändert.

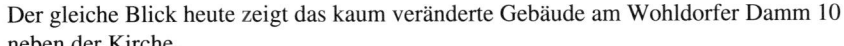

Das Gasthaus vom Bergstedter Gemeindevorsteher und Standesbeamten Filter vor 1930. Sie war einst beliebter Treffpunkt der Bergstedter.

Der gleiche Blick heute zeigt das kaum veränderte Gebäude am Wohldorfer Damm 10 neben der Kirche.

Oben: Die Rodenbeker Mühle um 1830. Sie wurde bereits 1345 beim Verkauf Bergstedts an das Hamburger Domkapitel erwähnt und war Zwangsmühle für Bergstedt und Sasel. In ihrer Nachbarschaft befand sich der Herrenhof der Ritter von Wedel. 1872 wurde der Mühlenbetrieb eingestellt.

Unten: Das hölzerne Mühlrad drehte sich unter dem Wasser der Bredenbek, bis eine Turbine seine Funktion übernahm. Das Mühlrad wurde 1925 entfernt.

Im Vordergrund das »Gasthaus Rodenbeker Quellental« um 1930. Der Feilenhauer J. H. Wecker ließ es 1896 errichten. In seiner Blütezeit standen an Sonn- und Feiertagen 200 Pferde im Stall. Im Hintergrund das Gebäude des heutigen »Gasthauses Quellenhof«.

Die Rodenbeker Alsterbrücke um 1887. Im Hintergrund das »Gasthaus Rodenbeker Quellental«. Die Brücke (heutige Straße »Trillup«) wurde schon im 17. Jahrhundert erwähnt. Früher von Jütland heruntergetriebene Ochsen sollen hier über die Alster geführt worden sein. Die Verbindung wurde 1952 durch eine Steinbrücke ersetzt.

Das »Gasthaus Rodenbeker Quellental« um die Jahrhundertwende. Rechts im kleinen Gebäude mit dem hohen Schornstein befand sich die 1872 zur Feilenhauerei umfunktionierte Kornwassermühle. Die Gebäude wurden 1961 abgerissen.

Der großzügig eingerichtete Speisesaal war oft mehr als gut besetzt. Hier herrschte reges Geplauder, bis nach dem Zweiten Weltkrieg das Geschäft zurückging und der Speisesaal schließlich als Werft-Kantine genutzt wurde.

Das »Gasthaus Quellenhof« setzt die Tradition als Ausflugslokal im Rodenbeker Quellental fort. Es ist heute ein beliebter Rastpunkt am Alsterwanderweg.

# Lemsahl-Mellingstedt: Einst benachbarte Dörfer

### Erste menschliche Spuren

Zahlreiche Funde insbesondere im Randbereich des Kupferteiches deuten auf erste menschliche Siedlungen der Jungsteinzeit hin. Fünfzehn Grabhügel auf freiem Feld zwischen Lemsahl und dem Wittmoor weisen auf stein- und bronzezeitliche Bewohner hin. Drei der einst auf engstem Raum gelegenen Gräber sind noch am Bilenbarg im Bereich eines Stücks Heideland erhalten.

Zwei geheimnisvolle Wege aus Eichenbohlen aus der Zeit um Christi Geburt und 700 n. Chr. im Wittmoor an der Grenze zu Duvenstedt dienten vermutlich als Verbindung durch das Moor von Glashütte über Lemsahl zur Alsterfurt bei Trillup.

### Zwei Dörfer wachsen zusammen

1271 werden die Dörfer Lemsahl und Mellingstedt erstmals urkundlich erwähnt. Das Hamburger Domkapitel - wenig später auch das Kloster Harvestehude - erhält *Landbesitz* in beiden Dörfern. Doch gehören sie vermutlich zu den ältesten sächsischen Dorfgründungen zwischen 100 und 400 n. Chr. Die Dorfgründung hängt wahrscheinlich mit der nahegelegenen Mellingburg zusammen, einer Fluchtburg für die Bevölkerung in der großen Alsterschleife. Mit der Grenzfestlegung zwischen den sich befehdenden *Schauenburgischen Linien* entlang der Alster (1314) kommen Lemsahl und Mellingstedt an die nach Pinneberg ausweichende Linie (siehe auch Wohldorf). Später gelangen beide Dörfer unter die Herrschaft des adeligen *Gutes Tremsbüttel*. Das Gut und Amt verkauft 1475 der Knappe Lüder von Heest an *Herzog Johann von Lauenburg.*

Lemsahl hat 1513 fünf Vollbauernstellen (Hufen), die sich um den Dorfkern (Platz mit dem für Stormarn-Dörfer typischen Findling von 1898 an der heutigen Lemsahler Dorfstraße) gruppieren. Mellingstedts drei Vollhufen haben ihren dörflichen Mittelpunkt im Bereich der heutigen Kreuzung Redderbarg/Kielbarg/Lemsahler Bargweg.

Beinahe 100 Jahre lauenburgisch, werden mit dem Amt Tremsbüttel

Der Platz an der Lemsahler Dorfstraße mit dem typischen Schleswig-Holstein-Findling von 1898 ist noch heute als Ortskern auszumachen. Um ihn gruppierten sich früher die fünf Vollhufen.

Die Linden stehen noch vor dem bis heute als Gasthof genutzten Gebäude an der Lemsahler Landstraße.

Lemsahl und Mellingstedt 1571 dem *Herzog Adolf von Holstein-Gottorf* verpfändet. Die Bauern der beiden Dörfer müssen dem vom Herzog zum *Vorwerk* des Gutes Tremsbüttel degradierten *Tangstedt* Hand- und Spanndienste leisten. Das Amt Tremsbüttel und die zugeordneten Dörfer gehen 1649 endgültig in den Besitz der Gottorfer Herzöge über.

1683 gelangt das Vorwerk Tangstedt als eines von acht Kanzleigütern Holsteins in den Besitz der *Ritter von Hedemann*. Die Kanzleigüter unterstehen den Regierungskanzleien und gehören nicht zu den adeligen Gütern.

1866 werden Lemsahl und Mellingstedt unter *preußischer Regierung* als eine Gemeinde des Amtes Tangstedt im Kreis Stormarn zusammengefaßt. Lemsahls fünf Hufner, zwei Halbhufner, sieben Anbauern

Heute ist die Schleuse beliebter Haltepunkt für Ausflügler, deren Route den Alsterwanderweg entlang führt. Früher staute sie das Wasser für Frachtkähne, die mit Segeberger Kalk und Bauholz aus dem Wohldorfer Wald beladen waren. Bei Schleusenöffnung nutzten die Kähne die Flutwelle zur Weiterfahrt.

und Mellingstedts sieben Anbauern nutzen anteilig mit den Wohldorfern und Duvenstedtern den Duvenstedter Brook als Weideland, Torf- und Holz-Areal (siehe auch Duvenstedt).

Im Zuge des *Groß-Hamburg-Gesetzes* wird das preußische Lemsahl-Mellingstedt 1937 den Walddörfern eingemeindet und damit hamburgisch. Es bleibt wie Wohldorf-Ohlstedt und Duvenstedt vom Nachkriegs-Bauboom verschont. Eine *Aufsiedlung* setzt bevorzugt in Alsternähe und an der Lemsahler Landstraße ein - in den letzten Jahrzehnten im Bereich Ödenweg und Eichelhäherkamp. 1960 wird Lemsahl-Mellingstedt aus der Bergstedter Kirchengemeinde herausgelöst und erhält sein eigenes Gemeindezentrum am Madacker. Der Ort hat heute aufgrund seiner zurückhaltend angelegten Entwicklung 4.585 Einwohner.

Die Gastwirtschaft »Unter den Linden« von C. Harder, Lemsahler Landstraße 118, um die Jahrhundertwende.

Die Mellingburger Schleuse an der Grenze zu Lemsahl-Mellingstedt um 1913. Hier in der Alsterschleife befindet sich die kaum noch kenntliche Wallanlage der einstigen frühmittelalterlichen, sächsischen Burg. Sie gab dem nahegelegenen Dorf Mellingstedt wahrscheinlich seinen Namen.

Gruss aus Lemsahl-Mellingstedt

Alsterhof u. Paradies-Hof.

*[handschriftlicher Text]* Mein l. Anna! Hab' vielen herzlichen Dank, für Dein
reizendes Knusperkästchen! Komme Freitag zur Stadt,

Der dörfliche Mittelpunkt Mellingstedts lag an der heutigen Kreuzung Redderbarg/Kielbarg/Lemsahler Bargweg. Links der 1926 abgebrannte sogenannte »Alsterhof«, eine ehemalige Vollhufe.

Der Blick entlang des Kielbargs in Richtung Redderbarg heute.

Der Gasthof Offen an der Lemsahler Dorfstraße ist aus einer Vollhufe entstanden, die einst gegenüber lag und die Vogtei des Dorfes war. Familie Offen wurde bereits 1734 Eigentümer des Hofes. Im Hintergrund die zugehörige Durchfahrtsscheune. Sie wurde nach 1950 abgebrochen.

Der Gasthof Offen wurde mehrfach modernisiert und ist heute noch ein weithin bekanntes, ländliches Speiselokal.

# Duvenstedt - Bauern kämpfen um den Brook

## Erste menschliche Spuren

Auf vorgeschichtliche Bewohner des Duvenstedter Gebiets weisen steinzeitliche Beile und Keile hin. Aus der Eisenzeit stammen ein zerstörtes Urnenfeld (Koppel am Puckaffer Weg) und eine Eisenschmelze mit zahlreichen Siedlungsspuren aus der Zeit um Christi Geburt (Rögenoort).

## 730 Jahre Duvenstedt

Der Hamburger Stadtteil kann 1991 sein 730jähriges Bestehen feiern, denn eine *Urkunde* erwähnt Duvenstedt 1261 erstmals. Vermutlich fällt die Dorfgründung jedoch in die ersten Jahrhunderte nach Christi. Das läßt sich aus der für altsächsische Ansiedlungen typischen Endung »stedt« schließen. Der Dorf-Gründer wäre dann ein »Duvo«.

Wie dem auch sei, sicher ist: In der 1261 ausgestellten Urkunde übertragen die *Brüder Borstel* dem Hamburger Domkapitel den von den Bauern zu leistenden Groß- und Kleinzehnten. 1271 erhält das *Domkapitel* Landbesitz in Duvenstedt, Lemsahl-Mellingstedt und Bramfeld. Wie Lemsahl-Mellingstedt kommt Duvenstedt nach dem Grenzvertrag der *Schauenburger Grafen* 1314 an die nach Pinneberg ausweichende Linie und 1475 an den *Herzog von Lauenburg* (siehe Lemsahl-Mellingstedt). Die 1513 im Bereich der Kreuzung Duvenstedter Damm/Poppenbüttler Chaussee gelegenen sechs Vollbauernhöfe (Hufen) und zwei Katenstellen werden 1571 dem holstein-gottorfschen *Herzog Adolf* verpfändet. 1683 gehört Duvenstedt zusammen mit Lemsahl und Mellingstedt zum *Kanzleigut Tangstedt*.

Heftige Streitigkeiten entfacht der von den Duvenstedtern, Lemsahlern, Mellingstedtern und Wohldorfern als Gemeinweide genutzte *Duvenstedter Brook*: Das hamburgische Vorwerk Wohldorf versucht um 1702 Land durch Trockenlegung urbar zu machen. Damit bahnt sich der Konflikt an, denn die ausgehobenen Gräben hindern Bauern der anderen Dörfer, ihr Vieh auf das dahintergelegene Weideland zu treiben.

Der Duvenstedter *Bauernvogt Jochim Offen* ergreift Gegenmaßnahmen. Er weist den Dorfhirten an, die Kühe über die Gräben zu treiben. Das lassen sich die Wohldorfer nicht gefallen und vertreiben die Rinder. Der Streit eskaliert: Die Duvenstedter dringen mit Äxten, Beilen und Wagenrungen bewaffnet in die Rade ein und bringen ihre Pferde, Ochsen sowie Kühe gleich mit, »wodurch der Ort gantz kahl geworden« ist, beschreiben die Wohldorfer die Folgen. Insgesamt sei Wohldorf ein großer Schaden an Weide für das Vieh zugefügt worden.

Die beiden zuständigen *Gutsherren* von Tangstedt und Wohldorf treffen sich kurz darauf, um zu einer Einigung zu kommen - doch ergebnislos. Insbesondere der Tangstedter Gutsherr Baron Cyrill von Wich toleriert das Vorgehen seiner Untergebenen, versucht er selbst doch lange Zeit vergeblich das Jagdrecht im Brook zu erhalten.

1750 sollen Pfähle und Steine den Tangstedter und Hamburg-Wohldorfer Brookteil gegeneinander abgrenzen. Die Duvenstedter Bauern zeigen sich aber mit der Festlegung nicht einverstanden und reißen die Grenzpfähle heraus. »80 Mann, Weibs Volck und Jungen mitgerechnet« werfen den ausgehobenen Grenzgraben wieder zu. Die Hamburger zeigen eine solche »Untat« der Kieler Regierung an, die daraufhin ein *militärisches Kommando* nach Tangstedt entsendet.

Bei der von oberster Stelle ergriffenen Maßnahme können die Duvenstedter auch nicht mehr auf das Wohlwollen ihres Gutsherrn setzen. Sie müssen unter militärischer Bewachung den 500 Meter langen Grenzgraben freischaufeln sowie die entfernten Pfähle wieder einsetzen. Diese Brook-Grenze bleibt bis 1937 Hamburger Landesgrenze.

1782 werden die Hoffelder aus der *Feldgemeinschaft* herausgelöst (Verkopplung) und an die Bauern neu verteilt. Damit ist eine individuellere Bewirtschaftung möglich.

Die 1805 erfolgende Aufhebung der Leibeigenschaft in Schleswig-Holstein betrifft Duvenstedt und Lemsahl-Mellingstedt nicht. Hier bestand keine solche Abhängigkeit. Allerdings sind von den Bauern weiterhin für das Gut Tangstedt *Hofdienste* zu leisten, beispielsweise zwei Tage wöchentlich mit der Hand.

1856 hat Duvenstedt 345 Einwohner. Sieben Hufen, acht Halbhufen und sechzehn Anbauernstellen gehören zum Dorf. Nachdem Duvenstedt 1866 unter *preußischer Regierung* dem Amt Tangstedt des Kreises Stormarn angegliedert wurde, erhalten die Grundbesitzer 1886 ihre Anteile am Duvenstedter Brook zum Eigentum.

Der *Auflösungsprozeß* des Bauerndorfes zum Großstadt-Vorort setzt um die Jahrhundertwende allmählich ein. 1908 bestehen nur noch drei Höfe mit Vollhufengröße, wobei sich der größte von Robert Stade ebenfalls schon in der Parzellierung befindet. Die beiden anderen gehören Karl Iden und Klaus Bornhold. Die Zahl der Halbhufen ist auf zehn angestiegen und 35 kleinere Bauernstellen sind entstanden. Auch gibt es einige kleinere Bauernstellen außerhalb des Dorfkerns bei *Puckaff* und

Die Gastwirtschaft »Alster-Au« am Schleusenredder, Ecke Duvenstedter Triftweg, 1932 aufgenommen. Im Hintergrund das nach einem Entwurf Karl Schneiders am Duvenstedter Damm errichtete Landhaus - heute ein Gebäude des Kinderkrankenhauses Walddörfer.

*Tannenbaum.* Zwei Halbhufen befinden sich bei *Kakenhahn.*

Im Anschluß an die Landhausbebauung der hamburgischen Walddörfer entstehen seit 1910 Villen und Landhäuser auch im noch stormarnschen Duvenstedt. Es entwickelt sich vom Ortskern entlang der Straßen, die aus einstigen Feld- und Verbindungswegen mit den Nachbardörfern enstanden sind.

Eines der größten *Landhäuser* soll 1929 am Duvenstedter Damm 4 erstellt werden, bleibt jedoch durch die Weltwirtschaftkrise bedingt zunächst Bauruine. Der Entwurf Karl Schneiders wird abgewandelt später hergerichtet. Im Zweiten Weltkrieg als Entbindungsstation genutzt und teilweise mit Aufgaben des ausgebombten Kinderkrankenhauses Ro-

thenburgsort versehen, gehört es heute zum Komplex des über Hamburgs Grenzen hinaus bekannten *Kinderkrankenhauses Walddörfer.*

Wie auch Lemsahl-Mellingstedt wird das ebenfalls preußische Duvenstedt 1937 im Zuge des *Groß-Hamburg-Gesetzes* zu den Walddörfern nach Hamburg eingemeindet. Im Zweiten Weltkrieg entsteht zwischen 1943 und 1945 die »Norweger-Siedlung«, Sarenweg 152-162, als Behelfsheim für privilegierte Bombenopfer aus Hamburg. Die Blockhäuser mit Grasdach werden aus Norwegen beschafft.

Trotz der zurückhaltend angesetzten Bebauung Duvenstedts kann sich der Hamburger Vorort einer Aufsiedlung nicht entziehen. So entsteht derzeit ein neues Siedlungsgebiet mit

Einzel- und Reihenhäusern südlich des Specksaalredders, zwischen Poppenbüttler Chaussee und Trilluper Weg. Auch die Straße »Im Ellernbusch« soll bebaut werden. Damit dürfte die Bevölkerungszahl von heute Rund 3.300 auf über 4.000 ansteigen. Ob darunter der bisher erhalten gebliebene, dörfliche Charakter Duvenstedts leidet, bleibt Gegenstand reger Diskussionen der Bewohner im Ort.

Dorfpartie                                    Duvenstedt

Der sogenannte Meierhof am Duvenstedter Damm zu Beginn des Jahrhunderts.

Der gleiche Blick heute. Auf dem Grundstück des ehemaligen Meierhofes wurden mehrere Wohn- und Geschäftshäuser gebaut.

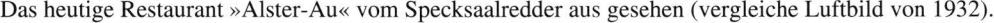

Schäfer Karl Haecks treibt seine Schafherde über die Triftweg-Brücke in Richtung Duvenstedter Brook. Ländliche Idylle, wie es sie in Duvenstedt heute noch gibt.

Das heutige Restaurant »Alster-Au« vom Specksaalredder aus gesehen (vergleiche Luftbild von 1932).

Das heutige Duvenstedt aus der Luft. Etwa in Bildmitte die Cantate-Kirche, Duvenstedter Markt 4. Duvenstedt gehörte früher zum Kirchspiel Bergstedt, wurde 1907 nach Tangstedt und 1948 nach Wohldorf-Ohlstedt eingemeindet. Als selbständige Kirchengemeinde erhielt Duvenstedt 1967 die Cantate-Kirche. Im Hintergrund der Duvenstedter Triftweg, die Herrenhausallee und der Mühlenteich.

Gruss aus Duvenstedt

Gruss aus Duvenstedt          Dorfstrasse

Oben: »Bitte einsteigen« hieß es 1909 vor dem Gasthof Blunck, denn täglich hielt hier der Postomnibus. Er beförderte nicht nur Briefe, sondern auch Fahrgäste.

Mitte: Der Gasthof von Emil Blunck um 1907 am Duvenstedter Damm, der rechts vorbei führte. Hier wurde die erste Poststelle Duvenstedts eingerichtet. Der Gasthof brannte 1934 ab. Ein neues Gebäude wurde im gleichen Jahr errichtet.

Unten: Der gleiche Blick auf den Nachfolgebau von Bluncks Gasthof heute mit dem davor abknickenden Duvenstedter Damm.

Der Ende des 19. Jahrhunderts von Carl Iden gebaute Dorfkrug, Poppenbüttler Chaussee 3, um 1904. Auf der Hofstelle waltete rund 300 Jahre Duvenstedts Bauernvogt seines Amtes, denn die Hofstelle bestand schon vor dem Bau des Dorfkrugs. 1777 wurde hier beispielsweise der Vorläufer des Dorfkrugs errichtet.

Der gleiche Blick in die Poppenbüttler Chaussee heute. Ein Brand zerstörte 1987 den 1911 entstandenen Nachfolgebau des Dorfkrugs. An gleicher Stelle befindet sich heute das neu errichtete Gebäude eines Restaurants.

Oben: Das 1960 umgebaute Reetdachhaus des Sattlers und Tapezierers R. C. Appel, Poppenbüttler Chaussee 7, zu Beginn des Jahrhunderts.

Unten: Sommerliche Badefreuden im Duvenstedter Freibad am Puckaffer Weg um 1935. Das Naturbad entstand durch Aufstauen des Wittmoorgrabens und wird heute noch genutzt.

# Quellenverzeichnis

Beyle/Dähn: Museumsdorf Volksdorf; Hamburg 1991

De Spieker (Hrsg.): Ohlstedt, ein Heimatbuch, Hamburg 1963

Deutscher Bund für Vogelschutz (Hrsg.): Naturschutzgebiet Duvenstedter Brook, Hamburg

Gemeinde Wohldorf-Ohlstedt (Hrsg.): Wohldorf-Ohlstedt, 500 Jahre bei Hamburg; Hamburg 1937

Hauschild-Thiessen, Dr. Renate: Die Franzosenzeit 1806-1814; Hamburg 1989

Hipp, Hermann: Freie und Hansestadt Hamburg; Köln 1989

Jochmann, Werner: Hamburg, Geschichte der Stadt und ihrer Bewohner; Bd. 2; Hamburg 1986

Kettel/Schreyer: Die hamburgischen Walddörfer und das benachbarte Stormarn; Hamburg 1968

Kleßmann, Eckhart: Geschichte der Stadt Hamburg; Hamburg 1981

Krogmann, Carl Vincent: Geliebtes Hamburg; Hamburg 1955

Loose, Hans-Dieter: Hamburg, Geschichte der Stadt und ihrer Bewohner, Bd. 1; Hamburg 1982

Lutteroth, Dr. Ascan: Das Hamburgische Herrenhaus zu Wohldorf; Hamburg 1975 (Reprint)

Melhop, Wilhelm: Die Alster geschichtlich, ortskundlich und flußbautechnisch beschrieben; Hamburg 1932

Oppens, Edith: Hamburg; München 1981

Reincke, Heinrich: Hamburg am Vorabend der Reformation; Hamburg 1966

Rolle, Paul: Geliebtes Volksdorf. Erlebtes, Erlauschtes, Erforschtes; Hamburg 1969

Röpke, Georg-Wilhelm: Zwischen Alster und Wandse; Hamburg 1985

Schindler, Reinhard: Die Bodenaltertümer der freien und Hansestadt Hamburg; Hamburg 1960

Schreyer, Alf: Die Walddörfer einst und heute; Hamburg 1978

Schreyer, Alf: Liebes altes Bergstedt, Bilder aus der Vergangenheit; Hamburg 1991

Schreyer, Alf: Wohldorf und Ohlstedt, Geschichte und Geschichten aus sieben Jahrhunderten; Hamburg 1971

Stephan, Rolf: Hamburg ehemals, gestern und heute; Stuttgart/Hamburg 1989

Studt/Olsen: Hamburg, die Geschichte einer Stadt; Hamburg 1951

Waldschläger, Heinz: Duvenstedt stellt sich vor; Hamburg 1988

**Bildnachweis**
Aktuelle Aufnahmen:
Heinz Zabel S. 62
Luftbilder
Deutsche Luftbild S. 35, 72/73, 98/99
Hanseatische Luftfoto S. 40/41, 76
Alle übrigen: Uwe Schubert
Historische Aufnahmen:
Archiv »De Spieker«
Bürgerinnen und Bürger der Walddörfer
Luftbilder
Landesbildstelle Hamburg S. 17, 29, 31, 42, 48, 95
Alle übrigen: Archiv »De Spieker«

Für Informationen und tatkräftige Unterstützung sei an dieser Stelle gedankt: Alf Schreyer, Karl-Heinrich Piepervom Gasthof Offen, Heinz Waldschläger, Frau Hamelau und Bettina Nuernbergk.

---

**Titelseite:** Die Kupfermühle am Kupferredder in Wohldorf dient heute als Wohnhaus. Um sie zunächst zur Herstellung von Messingdraht und zur späteren Verarbeitung von Kupfer zu Blechen zu nutzen, wurde 1622 die Ammersbek zum Kupferteich aufgestaut.

# »... im Wandel in alten und neuen Bildern« sind erschienen:

Uwe Schubert

**Barmbek**

Barmbek, Uhlenhorst im Wandel

*Da wird Geschichte lebendig. Beinahe unvorstellbar erwachen vor dem Leser Impressionen vom idyllischen Bauerndorf Barmbek. Aufwendig zusammengestelltes historisches und aktuelles Bildmaterial spannt den Bogen bis in die heutige Zeit.*

*So schön war und ist Harburg. Das Nebeneinander von Industrie und Wohnkultur zeigt sich in keinem Stadtteil deutlicher. Rudimente der mittelalterlichen Burg finden sich noch heute. Fachwerkhäuser und modernes Wohnen neben produzierendem Gewerbe prägen den Ort - die Stadt in der Stadt Hamburg südlich der Elbe.*

**Harburg**
*im Wandel*

Medien-Verlag Schubert

Hamburgs Stadtteile, ihre geschichtliche Entwicklung und ihr heutiges Gesicht beschreibt die Reihe » ... im Wandel«. Fadengebunden im festen soliden Einband, dokumentieren zahlreiche historische und aktuelle Luftbilder die Veränderungen. Portrait-Aufnahmen zeigen den Flair der Straßen, Geschäfte und Menschen ehemals und heute aus der gleichen Perspektive. Vom Arbeiten und Leben der Bewohner, der Geschichte ihrer Heimat, Schulen und Kirchen erzählen Bilder und Berichte.

Uwe Schubert

**Wandsbek**

Wandsbek, Marienthal, Eilbek im Wandel

*Mit Spannung kann der Leser die Geschichte Wandsbeks vom Dorf zur eigenständigen Stadt und schließlich zum Hamburger Stadtteil erleben, kann er Paralellen zwischen einst und heute verfolgen. Bahnbrechende Physiker und Dichter wie Tycho Brahe und Matthias Claudius machten Wandsbek über Hamburgs Grenzen hinaus bekannt.*

In Kürze erscheint:
**»Rothenburgsort im Wandel«.**

**Eppendorf**
*im Wandel*

Medien-Verlag Schubert

*»Eppendorf« und »Jugendstil« sind beinahe ein Wort. Prachtvolle Fassaden und »Szene« machen den Stadtteil zum city-nahen, attraktiven Wohnort mit Charme, und das war schon früher so: Vor den Toren Hamburgs hatten hier im vorigen Jahrhundert betuchte Hamburger Kaufleute und Senatoren ihren Landsitz an der Alster.*

*Die Entwicklung vom kleinen Stormarndorf Bramfeld mit Zollstation am Heer- und Frachtweg, der die Hansestädte Hamburg und Lübeck verband, beschreibt »Bramfeld im Wandel«. Seltenes historisches und aktuelles Bildmaterial hinterläßt überraschende Eindrücke von Veränderungen und Parallelen.*

Uwe Schubert

**Bramfeld**

Bramfeld/Steilshoop im Wandel